《三晋历史文化名人书系》
审读专家组

三晋历史文化名人书系

陈廷敬

马甫平　马雨晴——著

山西出版传媒集团
北岳文艺出版社
·太原

图书在版编目(CIP)数据

陈廷敬 / 马甫平，马雨晴著 . —太原：北岳文艺
出版社，2021.5
　　（三晋历史文化名人书系 / 古卫红主编）
　　ISBN 978-7-5378-6360-5

　　Ⅰ.①陈… Ⅱ.①马… ②马… Ⅲ.①陈廷敬（1638-1712）
－传记 Ⅳ.①K827=49

中国版本图书馆CIP数据核字（2021）第004857号

陈廷敬

马甫平　马雨晴　著

//

责任编辑
王朝军

书籍设计
张永文

印装监制
郭勇

出版发行：山西出版传媒集团 · 北岳文艺出版社
地址：山西省太原市并州南路57号　邮编：030012
电话：0351-5628696（发行部）　0351-5628688（总编室）
传真：0351-5628680
经销商：新华书店
印刷装订：山西人民印刷有限责任公司

开本：787mm×1092mm　1/16
字数：167千字
印张：17.375
版次：2021年5月第1版
印次：2021年5月山西第1次印刷
书号：ISBN 978-7-5378-6360-5
定价：58.00元

陈廷敬

出版前言

习近平总书记强调："文化自信是更基础、更广泛、更深厚的自信，是更基本、更深沉、更持久的力量。"坚定中国特色社会主义道路自信、理论自信、制度自信，说到底是要坚定文化自信。奋进在建设文化强国的伟大征程中，我们要努力从中华民族世世代代形成和积累的优秀传统文化中汲取营养智慧，延续文化基因；萃取思想精华，展现精神魅力。

山西是中华文明的重要发祥地之一，以尧舜禹为代表的根祖文化，以长城为代表的多民族交融的边塞文化，以云冈、五台山、平遥为代表的物质遗产文化，都极大地彰显了山西传统文化的软实力。特别是从尧舜禹起，乃至晋文公、荀子、赵武灵王、卫青、霍去病、关羽、薛仁贵、王勃、王维、柳宗元、司马光、元好问、关汉卿、薛瑄、傅山、于成龙、陈廷敬、祁寯藻、杨深秀等，一大批政治家、思想家、军事家、文学家，在中华民族历史上做出过重大贡献，占据崇高地位，产生了持久的影响，是山西乃至中华文化的典型性人物，他们的文化成就，是中华文明的宝贵财富。

2020年5月11日至12日，习近平总书记再次亲临山西视察，对山西历史文化给予高度评价，对山西历史文化名人给予高度肯定，勉励山西要深入挖掘优秀传统文化，引导广大干部群众提升道德情操、树立良好风尚、增强文化自信。习近平总书记的重要讲话重要指示，给山西人民以极大鼓舞和激励，为我们传承和弘扬山西优秀传统文化，建设文化强省、文化强国，进一步指明了方向。

当前，山西正处于转型发展和建设文化强省的重要历史关头，迫切需要汇聚更强大、更深厚的精神力量，这就要求我们要更加坚定地以习近平新时代中国特色社会主义思想为指导，深入贯彻、忠实践行习近平总书记视察山西的重要讲话重要指示，乘势而为，守正创新，充分挖掘和弘扬山西历史文化名人的精神内涵，为山西高质量转型发展提供精神动力。为此，我们山西出版传媒集团主动策划了《三晋历史文化名人书系》。

该书系从众多的山西历史文化人物中遴选了荀子、卫青、霍去病、关羽、司马光、于成龙、陈廷敬7位极具代表性的名人，以传记的形式，深入浅出地讲述他们的生平事迹和重要成就，彰显了他们在中国古代政治、经济、军事、文化、教育等领域所做出的杰出贡献。尤其重在阐释荀子的"为学之道"，卫青、霍去病的"勇武之功"，关羽的"忠义之气"，司马光的"正直之德"，于成龙的"廉能之志"，陈廷敬的"清勤之能"，通过深入挖掘山西历史文化名人的精神内涵，汲取精神力量，引导全省干部群众深入了解山西历史文化名人、大力弘扬中华优秀传统文化。这是山西出版界贯彻习近平总书记殷殷嘱托的一项成果。

党的十九届五中全会吹响了建设社会主义文化强国的冲锋号，我省提出要凝心聚力建设新时代文化强省，熔铸发展软实力，增强文化晋军影响力，用璀璨文化之光照亮转型发展之路。我们相信，《三晋历史文化名人书系》的出版，一定有助于全省党员干部进一步深入贯彻落实习近平总书记视察山西重要讲话重要指示；有助于全省干部群众在新的历史起点上，加速转型发展，率先蹚出一条新路；有助于增强我们的历史责任感，重塑文化形象，坚定文化自信，为实现中华民族伟大复兴的中国梦奋勇前进。

山西出版传媒集团党委书记、董事长

清、慎、勤：大清相国陈廷敬的为官之道

17世纪后期，渐次走向大一统的清王朝，正在步入佳境。中国封建社会的最后一个盛世即将来临，康熙皇帝的股肱大臣，康熙皇帝决策集团的重要成员，一代名相陈廷敬应运而出。陈廷敬（1638—1712），字子端，号说岩，晚号午亭，卒谥文贞。出生于山西省阳城县郭峪里，因籍隶泽州，故亦以"泽州"相称。他是清代康熙年间卓越的政治家、理学家、文学家，是中国文化史上具有重大贡献的学者。陈廷敬于清顺治十五年（1658）考中进士，一直到康熙五十一年（1712）逝于任上，为官长达五十四年之久。他的一生与康熙皇帝的文治武功、宏猷伟业紧密相连。

陈廷敬起家翰苑，领袖词林，由翰林院庶吉士，历任秘书院检讨、国子监司业、日讲起居注官、詹事府詹事、内阁学士、经筵讲官、翰林院掌院学士，以清妙绝伦的才

华在朝臣中崭露头角。康熙十七年（1678），入值南书房，是陈廷敬宦途生涯的重要转折。南书房是康熙皇帝的机密决策中心，入值南书房标志着他成为清廷核心机构的一员。自此之后，其政治地位稳步上升，由礼部、吏部侍郎，管理京省钱法，到都察院左都御史、工部尚书、刑部尚书、户部尚书、吏部尚书。康熙四十一年（1702），陈廷敬奉命总理南书房事务，其政治影响力进一步提高。次年，他升任文渊阁大学士兼吏部尚书，成为名副其实的宰辅大臣。陈廷敬受康熙皇帝"非常之知遇，出入禁闼几四十年"，与康熙皇帝这种密切的政治关系，深刻影响着康熙朝的政治走向。

纵观陈廷敬为官的历程，始终奉行清、慎、勤的为官之道。所谓清，即清正廉洁；所谓慎，即谨慎敬业；所谓勤，即勤勉从政。陈廷敬身体力行，洁身率属，堪称封建社会的政治典范。他曾经两次担任户部尚书，手握国家财政大权，却能做到两袖清风。史书记载他："两为大司农，处脂不染，清操肃然。"又说："清廉虽不足以尽公，而略举数端，已足媲美杨震、邓攸无惭色矣。"他不仅洁身自好，而且特别注重教育家人后辈廉洁自律。"凭寄吾宗诸子姓，清贫耐得始求官"，是他留给子孙后代的铁律。他告诫陈氏家族的子孙，如果能够耐得清贫，方可求官；如果耐不得清贫，不可求官。耐得清贫，也是陈廷敬一生始终奉行的信条。

年轻的康熙皇帝英姿天纵，勤奋好学，信用儒臣，励精图治，这样的政治环境十分有利于陈廷敬实现自己"致君尧舜"的人生理想。陈廷敬以对皇帝的忠诚之心，竭力用儒家思想影响康熙皇帝，以期推行儒学治国的国策。他说，曾经仰慕宋臣赵谱以半部《论语》辅佐君王，使其先明白"敬信节爱"的治国道理；愿意效法朱子以《大学》四字进谏皇帝，使其先遵行"诚意正心"的修养功夫。他希望康熙皇帝"天德与王道同功，修己与治人兼至"，即希望康熙皇帝把儒家思想当作人君的最高准则，用儒家思想来修身、齐家、治国、平天下，成为尧舜那样的圣君明王。而他自己则无论在进讲、奏对或是理政、议政之时，都极尽翊赞之能力，使康熙皇帝能够实现"济世安民"之功，达到"二帝三王"之治。

政治腐败是永恒的社会难题，并且直接关系着民心的向背和国家的安危。陈廷敬针对当时政治腐败、贪污成风的情况，向康熙皇帝上疏，强调指出："贪廉者，治理之大关；奢俭者，贪廉之根柢。欲教以廉，当先使俭。"认为，贪污还是廉洁，是治理国家的关键；奢侈还是俭朴，是决定贪廉的基础。要使官员廉洁，应当先让他们形成俭朴的作风。官员生活奢侈，互相攀比，"其始由于不俭，其继至于不廉"，最容易形成贪得无厌的恶习。他请求朝廷对官员的衣冠、车马、器用、婚丧之礼要有严格的限制，不得过侈，使他们逐渐养成节俭的习惯。

陈廷敬深刻指出："上官廉，则吏自不敢为贪；上官不廉，则吏虽欲为廉而不可得。"一语中的，揭示出政治腐败的根本所在。他还说："为督抚者，既不以利欲动其心，然后能正身以董吏；吏既不复以曲事上官为心，然后能加意于民。"作为总督、巡抚，如果能够对利益不动心，保持一身正气，就能够监督管理下级官吏。下级官吏不曲意逢迎上级官员，然后才能全心全意为百姓办事。于是他进一步指出，总督、巡抚的政治作风，在国家清廉政治的建设中，有着至关重要的作用。陈廷敬不仅极力提倡清廉政治，而且对贪污腐败的现象深恶痛绝，惩治贪官污吏不遗余力。

陈廷敬长期充任经筵讲官，他通过为康熙皇帝讲解经书，坚持向康熙皇帝贯彻儒家的仁政思想和治国之道。在进讲时，陈廷敬经常根据康熙皇帝的提问，针对当时的政事情况，阐发自己的政治见解。他向康熙皇帝奏对说：帝王应该具有宏大的器量，像天一样无所不覆盖，像地一样无所不承载。要有为天下民众建功谋利的公心，不可有为自己计功谋利的私心。应当"以至诚恻怛之心，为爱养斯民之政，初不计民之为我用也"。即要以真诚的同情怜悯之心，实行爱养百姓的政治，不去计较百姓是不是为自己所用。只有"圣君贤臣朝夕讲求以实心行实政"，才能"膏泽下民"。他不论是反贪倡廉、整饬吏治，还是改革钱币、赈济灾荒，都是站在国家和人民的立场上，务求利国利民。他向康熙皇帝说："臣窃思国家之法，本以便民，苟有利于民，即于国无利，犹当行之。"换句话说，当国家利益和人民利益相冲突时，他主张国家利益服从人民利益。孟子有"民贵君轻"之说，陈廷敬"利民"高于"利国"的思想，是儒家民本思想的精粹体现。他从利国爱民的思想出发，考虑国家的根本大计，颇具远见卓识。他的爱民思想，对康熙皇帝逐渐成长为一位仁君产生了不可忽略的影响。他是一个正直敢言的官员，他的政治主张讲求实际，不附和，不苟同，见解独到，具体可行。史书誉之曰："切中时弊，棘棘不苟同。"他的为政思想对于康熙皇帝廉洁吏治和康熙朝的大政方针都发挥了显著的作用。

陈廷敬为人老成宽大，温厚和平，宽裕汪洋，慧眼识人。清官陆陇其、邵嗣尧，诗人王士禛、查慎行，文学家汪琬、姜宸英，翰林史申义、周起渭，以及书法家林佶等人，都经过陈廷敬的推荐，方能名达天听，出谷迁乔。史书评价说："诚所谓文章报国，而得以人事君之道者矣。"

陈廷敬之所以能够成为康熙皇帝最可信赖、最为倚重的大臣，靠的不是花言巧语，不是吹牛拍马。作为理学大臣，他主张用身言，不用舌言，注重躬行，不尚空谈。在政治生涯中，他"不徇亲党，不阿友朋"，"慎守无过"。在当时满朝官僚三五成群、互相交结的政治风气下，体现出一种独善其身的道德情操。他绝不呼朋引类，植党揽权，从不参与互相倾轧的权力之争。他以正直无私、光明磊落、老成谨慎的政治作风，被康熙皇帝誉为"恪慎清勤，始终一节"，达到了封建社会人臣的最高境界。

陈廷敬的诗文作品特色鲜明，独树一帜，是清代文学史上与王士禛、汪琬鼎足而三的文坛泰斗。他一生创作诗歌近三千首，各种体裁的文章一百五十余篇，重要结集有

《尊闻堂集钞》八十卷、《午亭集》八十卷、《午亭文编》五十卷。康熙年间，中国社会又一次由动乱走向安定，由凋敝走向繁荣，面对朝气蓬勃、风雷激荡的时代，陈廷敬以积极的态度、满腔的热忱，直面现实，形诸歌吟，艺术地再现了时代的风貌，唱出了时代的最强音。他的诗作中，对当时社会状况的深沉关注及对民间疾苦的由衷同情，反映了一个正直诗人心系国事民生的高尚情操。在他的笔下，纪行状景之诗尤具特色，将祖国的大好河山写得勃勃有生气，令人无限神往。陈廷敬的散文恪守儒家"文以载道"的理念，叙事则要言不烦，不蔓不枝，声情并茂，精彩淋漓；议论则酌古御今，无谀无偏，褒善贬恶，持论公允；抒情则温柔醇厚，清正典丽，行云流水，情真意切。不愧燕许大手笔，俨然醇儒名臣风范。

陈廷敬学问淹洽，文采优长，国家凡有大著作，皆为总裁官。他为朝廷主持了许多文化工程，编纂了许多大型典籍，充分展示了他在经学、史学、文学、小学等方面的精深造诣。陈廷敬所编纂的文化典籍，如《康熙字典》《佩文韵府》《皇清文颖》《明史》《大清一统志》等，在当时不仅加速了文化发展，促进了文化繁荣，而且推动了清王朝的汉化进程，为满汉文化的交融起到了重要作用。今天，这些文化典籍已经成为中华文化宝库中的重要遗产，成为研究清代文化历史不可或缺的重要资料。陈廷敬为我国的文化事业付出了他毕生的心血，为中华民族留下了宝贵的精神财富。

陈廷敬作为康熙皇帝的股肱大臣，备受康熙皇帝的信任和倚重，可谓君圣臣良，君臣相得。因而，陈廷敬以自己的全部精力，为康熙皇帝开创康乾盛世做出了巨大的贡献。康熙皇帝是一位英明的皇帝，他所取得的成就并不只属于他一个人，陈廷敬是康熙决策集团的重要成员，陈廷敬的成就是康熙皇帝成就中不可分割的有机组成部分。

陈廷敬清廉政治的思想、利国爱民的思想以及清、慎、勤的为官之道，对于当代干部队伍建设，仍然具有重要的现实意义和借鉴作用。学史崇德，见贤思齐，陈廷敬谨身自律、慎守无过的道德情操，正直无私、光明磊落的人格魅力，恪慎清勤、始终一节的政治作风，都值得今天的人们继承和弘扬。

目　录

第一章

家世春秋

先祖寻踪

陈氏家族的先祖世居泽州永义都天户里（今山西省晋城市泽州县川底乡）的半坡沟南。明朝洪武年间，由于"河北诸处，自兵后田多荒芜，居民鲜少。山东、山西之民自入国朝，生齿日繁"（《明太祖实录》卷一九三），所以朝廷于洪武二十一年（1388）八月决定："迁山西泽、潞二州民之无田者，往彰德、真定、临清、归德、太康诸处闲旷之地，令自便置屯耕种，免其赋役三年，仍户给钞二十锭，以备农具。"（《明太祖实录》卷一九三）洪武二十二年（1389）十一月，又以"河南彰德、卫辉、归德，山东临清、东昌诸处土宜桑枣，民少而遗地利"（《明太祖实录》卷一九八），乃命"往谕其民，愿徙者验丁给田"（《明太祖实录》卷一九八）。由于朝廷的移民政策，陈氏的先祖陈仲名，由泽州永义都天户里被"拨入河南彰德府临漳县籍"（陈昌言：《陈氏上世祖茔碑记》）。彰德府的府治就是现在的河南省安阳市，临漳县原属河南省，今属河北省。

陈仲名被拨入河南彰德府临漳县籍，但他的儿子陈靠却仍然居住在泽州永义都天户里的半坡沟南。陈靠为什么没有随父而去，史籍记载阙如。当然只有一种可能：陈氏在泽州永义都天户里世代居住，拥有一定的产业。于是陈仲名留下了长子陈靠，带着其他儿子离开故土，迁入了河南彰德府临漳县。

陈靠以牧羊耕田为生。在陈氏的祖祠中，原来供奉着陈氏始祖陈靠的画像，是牧羊人的打扮装束，手里拿着放羊的鞭子。关于陈靠，史书对他的记载虽然不多，但有两件事值得注意：第一，他决定要迁居；第二，他的孙子做了官。这两点说明了一个问题：陈靠不只是一个普通的牧羊耕田的农夫，他已经注意让自己的子弟读书，试图敲开官场的大门。他家居泽州天户里的半坡沟南，但他对这个地方并不满意，想另外选址，然后四处寻找，终于决定迁到阳城县郭峪里（民国六年，即1917年，实行编村制，郭峪里改为郭峪村）东北定居。陈廷敬所写的《陈氏家谱》中记载说，这块地方"山岭雄秀，泉水温凉，风气郁茂，实太行之中落"，自然环境好，适合人们居住。

陈靠选定了这个地方，但他没有来得及迁居就去世了。陈靠娶妻樊氏，生有两个儿子，长子陈岩，次子陈林。陈靠死后，他的儿子陈岩和陈林把他安葬在沟南的一个叫作"迪将"的地方，然后按照陈靠生前的安排，与他们寡居的母亲樊氏迁到了郭峪里东北定居下来。这一年是明朝的宣德四年，即公元1429年。

他们在这里修了房子，置了田产，可以安居乐业了，给这个新建的小庄子取名为中道庄。《陈氏家谱》中说得很明白："中道庄者，上下皆村落，故以中道名。"

陈靠的两个儿子陈岩和陈林，同时到中道庄定居，这样就产生了陈氏家族。但是直到二百六十多年后的康熙三十一年（1692），才由陈廷敬创修《陈氏家谱》，陈氏族人的世系皆无从查考，只有陈廷敬祖父陈经济这一支世系清晰不紊。所以这里所说的陈氏家族，实际上是以陈廷敬祖父陈经济这一支为主线的狭义的陈氏家族。陈林是陈廷敬的直系先祖，所以他是陈氏家族的二世祖。

陈林娶妻郭氏，生有两子，长子为陈秀，次子为陈武。陈秀，字升之，是陈氏家族的第三世。他小时候很聪明，家里让他读书，学习举子业，希望他能考取功名。可是他不喜欢八股文，考场屡屡失利。他能诗文，而且喜欢写散曲。他还擅长书法，行草书写得很好。为人风流倜傥，有气节。同族中的人想吞噬他的家业，他拼尽全力与人相争，终于保全了自己的家产。陈秀因为没有考取功名，无法由正途进入官场。所谓正途就是通过科举考试考中举人、进士，然后由朝廷正式任命而成为官员。陈秀没有这样的资格，只好谋了个陕西省西乡县典史的职位。一个县的最高行政长官是知县，其次是县丞，再次是主簿。典史不入流，没有品级，负责掌管文书收发。典史职位虽然很小，但也是经吏部选派的，是朝廷命官，在县里算是四把手，当时民间习惯上称之为"四老爷"。典史掌管文书，没有多少权力，但在知县、县丞和主簿空缺时，一般是由典史来代理。西乡县附近有一个城固县，知县空缺，上级就让陈秀去代理城固知县。陈秀有了施政的机会，为百姓办了一些好事，受到当地老百姓的爱戴。后来他辞官归家，当地的百姓为他立了生祠。陈秀做了九年典史，留下了很好的官声，得到了立生祠的待遇。

陈秀在陈氏家族史上是一个极其重要的人物。其一，他是陈氏家族第一个发迹的读书人。虽然他没有取得功名，但因为他读书，便为陈氏家族后来出现九进士、六翰林奠定了基础。其二，陈秀是陈氏家族中第一个做官的人。虽然他只做了一个不入流的小官，连最低的从九品官阶也未达到，但他却进入了仕途，为陈氏家族后来出现高官显宦奠定了基础。其三，陈秀是陈氏家族中第一个写作诗文的人。虽然他留下来的诗数量不多，艺术价值也不高，但他却挤进了诗人的行列，为陈氏家族成为诗书世家、文化巨族奠定了基础。陈秀是陈氏家族实现读书入仕理想的第一人。陈秀在任西乡县典史时寄给儿子三首律诗、三首词曲，这些诗词后来成为陈氏家族的家训。

陈秀有三子，长子叫陈珏（jué），次子叫陈珦（xiàng），三子叫陈珙（gǒng），是陈氏家族的第四世。陈珏字孟璧，和陈秀一样，做了不入流的河南滑县典史。陈珏的儿子陈天佑在明嘉靖十三年（1534）考中举人，嘉靖二十三年（1544）考中进士，做了户部主事，累官至陕西按察司副使。按察司是一省内掌管刑法和监察的衙门，长官叫作提刑按察使，副使是其下属官员。陈天佑是陈氏家族的第一位进士。

陈秀的三子陈珙，字孟瑞，号南泉。他少小读书，攻举子业，但在考场上不得志，在其父陈秀去世后，就弃儒经营家业。陈珙生于明弘治三年（1490），卒于明嘉靖三十七年（1558），终年六十九岁。他有三子，长子叫陈侨，次子叫陈修，三子叫陈信。

陈修，字宗慎，号柏山，是陈氏家族的第五世。因所居面对着西坪之柏山，故取以为别号。他年轻时有志于举业，但屡次参加考试都不顺利，便退而经营鼓铸业。鼓铸业是冶炼金属、铸造器械的行业。陈修有心计，善于治理家业，并且轻财好施。乡亲有急难来求他，他总要出钱出粮相助，从不推托。乡亲欠了他的债，如果无力偿还，他就不要了，而且焚烧了债券。他虽然不再求取功名，但并不放弃读书做官的理想，所以他对儿子的教育很严格，常常要儿子们以自己的堂兄陈天佑为榜样。他说："盍学汝伯父？汝父不足法也。"（陈廷敬：《陈氏家谱》）陈修生于明正德十三年（1518），卒于万历六年（1578），终年六十一岁。陈修有四子：长子陈三晋，恩贡，当了怀仁县（今属山西省）训导，次子陈三乐，三子陈三接，四子陈三益。

陈三乐（yào），字同伦，号育斋，为陈氏家族的第六世。陈三乐的名字出自《论语·季氏》："益者三乐，……乐节礼乐，乐道人之善，乐多贤友。"陈三乐赋性严毅，倜傥不群，容仪端庄，行于途中，回首观看者不绝。他为人温和慈善，与之接近，有蔼然可亲之感。善于料理家事，经营农田，一手筹划，使内外井井有条。家富有资财，乐善好施，在周济别人急难之时，从来没有吝啬之意。陈三乐生于明嘉靖三十一年（1552），卒于万历四十一年（1613），终年六十二岁。配卢氏，郭峪镇卢光耀之女。子四：长子陈经济，次子陈经正，三子陈经训，四子陈经典。女一：适白巷明吏部尚书王国光之孙王于召。王国光是明代著名的政治家，是张居正进行改革的得力助手，也是阳城明代官职最高的人。王氏家族是阳城白巷里的大户，方圆有名的官宦之家。陈三乐能和王国光的儿子攀亲，成为儿女亲家，可见当时陈氏家族的声望已非同一般。

陈经济，字伯常，号泰宇，为陈氏家族的第七世。他幼时攻读制举业，有壮志，但考场不利，终未能遂其心愿。于是代父综理家政，能襄成大事。其父去世，他悲伤过度，哀毁骨立。母卢氏在堂，早晚探视，必亲必诚。先人所遗资产，全部平均分给诸弟，无一点私心。孝友传家，成为乡里效法的榜样。乡人之间发生纠纷，他首先辨别是非，然后三言两语便可调解，无不心悦诚服。乡人做了错事，就怕受到陈经济批评，所以乡里人流传着这样一句话："宁为刑罚所加，不为陈君所短。"（陈廷敬：《陈氏家谱》）意思是说，有了错处，宁愿接受官府的刑罚，也不愿意让陈经济批评。

陈经济生于明万历四年（1576），卒于天启六年（1626），享年五十一岁。有三子：长子陈昌言，次子陈昌期，三子陈昌齐。是陈氏家族的第八世。陈昌期就是陈廷敬的父亲。

从始祖陈靠、二世陈林、三世陈秀、四世陈珙、五世陈修、六世陈三乐、七世陈经济，到八世陈昌言、陈昌期、陈昌齐弟兄三人，陈氏家族已经成为方圆百里的富户巨族，到了非常兴盛的阶段，但他们的另一个目标还没有真正实现，就是还没有成为一个世宦之家。

○
○
河山为囿

明朝末年，陕西连年大旱，赤地千里，广大贫苦农民无法生活，纷纷举起了起义大旗。崇祯元年（1628），陕西府谷的王嘉胤、宜川的王左桂、安塞的高迎祥、汉南的王大梁等，一时并起。王嘉胤是书吏出身。书吏是县衙里的小吏，相当于文书之类的职务。王嘉胤略有文化，故在起义军首领中崭露头角。

崇祯三年（1630）六月，王嘉胤攻破陕西府谷县，据城坚守，被官军攻退。十月，又攻陷府谷，又被击败。王嘉胤便率领起义军渡过黄河，由陕西进入山西。起义军分散为若干部，各自为战，时分时合。王嘉胤是起义军中最大的首领，所部有数万之众，攻占山西的河曲县作为根据地，杀富济贫，逐粮就食。

崇祯四年（1631）四月十八，陕西延绥东路副总兵曹文诏攻下了河曲县城。王嘉胤率领起义军南下，五月二十四经岳阳（今山西省安泽县）到达屯留、长子，五月二十七从高平、端氏（今山西沁水）进入阳城。六月初一，王嘉胤率众到达阳城县城下，阳城知县杨镇原据城固守。因为曹文诏率官兵追杀，王嘉胤无心恋战，带领起义军从李邱、长湾等村向阳城南山进发。

六月初二，王嘉胤率部到达阳城南山，看到这里山高林密，便于与官军周旋，实为用兵之地，非常高兴，就与部下夜饮，喝得大醉。王嘉胤的手下有两个助手，一个叫王国忠，一个叫王自用。王国忠号白玉柱，被王嘉胤封为左丞相；王自用号紫金梁，被王嘉胤封为右丞相。王国忠和王自用是王嘉胤的左膀右臂。没想到左丞相王国忠已被官军收买，暗中叛变，在王嘉胤喝得大醉之时，趁机将王嘉胤杀害，带着他的首级投降了官军，向曹文诏请功。曹文诏因此升为临洮总兵。

王嘉胤的右丞相王自用见义军失去统帅，便联络老回回马守应、闯王高迎祥、八大王张献忠、射塌天李万庆、满天星、破甲锥、独行狼、乱世王、混天王、显道神、混天猴、点灯子、九条龙、不沾泥等三十六家起义军首领，举行集会，共商大计。当时李自成是闯王高迎祥的部下，号称闯将。起义军的首领共推王自用为盟主，组成了时合时分、协同作战的军事联盟。这次集会，是起义军由各自独立行动到互相联合的标志。他们有二十万之众，成为以后起义军发展的骨干队伍。

起义军二十多万人在晋城地区活动，朝廷调集了大量官军围剿。初期的农民起义军，是因为被生活所迫，逼上梁山，没有什么政治理想，组织性和纪律性很差，所到之处只是打家劫舍，奸淫抢掠，甚为残酷。直到后来李自成做了起义军的首领之后，起义军的纪律才逐渐好起来。在当时，起义军的纪律差，官军的纪律更糟，抢掠财物，欺侮妇女，对百姓的残害更为严重。令人发指的是官兵经常冒充起义军残害百姓，起义军也经常冒充官军进行抢掠。起义军冒充官军，尚且畏惧真的官兵，有所顾忌。而官军冒充起义军则是肆无忌惮，为所欲为，无恶不作。情况非常混乱，老百姓苦不堪言。

居于中道庄的陈氏家族，每听到这些抢劫杀掠的事就胆战心惊，日夜焦心。这时陈廷敬的祖父陈经济已于天启六年（1626）死去，其夫人范氏尚健在。陈廷敬的父辈兄弟三人是陈氏的第八世，老大陈昌言，生于明万历二十六年（1598），到崇祯五年（1632）是三十五岁。老二陈昌期，是陈廷敬的父亲，生于明万历三十六年（1608），此时二十五岁。老三陈昌齐，是陈廷敬的叔父，生于万历四十三年（1615），这时是十八岁。兄弟三人都没有儿子，当时陈廷敬还没有出生。他们兄弟三人面对这种形势，为谋取自保之法，决定要修一座坚固的高楼。形势紧急，他们就在崇祯五年（1632）的正月开了工。

此楼占地只有三间房大小，长三丈四尺，宽二丈四尺，共修七层，高十丈余。最下面一层深入地下，掘有水井，备有碾磨，并有暗道与外面相通。三层以上才设窗户，都有厚实坚硬的木板门可以随时关闭。楼的顶端筑有女墙，可以由家丁把守。居高临下，是一座易守难攻的防御建筑。整个工程共用石料三千块、砖三十万块，耗资甚巨。工匠的饮食等事都靠老夫人范氏料理，工地的备料经营等事都靠陈昌期奔波，全家上下都在为此事忙碌。

修楼的工程还在继续，到了这年七月，楼修到七层，砖工结束了，要开始立木上梁。按风俗，修房盖屋立木上梁时都要选择吉日祭神，他们选择了七月十六为立木之日。可是到七月十五这一天，忽然听说起义军已经来到附近，这时楼尚未修成，仅有门窗，还没有棚板，没有盖顶。但事情紧急，消停不得，只好赶快准备石头弓箭，运了粮米、煤炭，其他金银细软等都来不及收拾。附近的百姓也都赶紧跑来，进楼躲避。当时楼中所容纳的大小男女就有八百余人。这天傍晚，他们就紧闭楼门，严阵以待。

次日，就是七月十六，这是择好的吉日，要在寅正时，也就是凌晨四点，开始祭神立木。但在仓促之间，无法准备祭品，只能焚香拜祝，举行了立木仪式。到了辰时，起义军从东而来，刚开始是零星几人，一小会儿工夫就来了万余人，都穿着红衣服，看去遍地赤色。

起义军来到郭峪里，大肆杀掠。同时来到中道庄，但对陈氏新修的这座高楼毫无办法，只好在下面点火焚烧房屋。陈昌言在楼上率领壮丁百余人坚守。当时天正下雨，楼上没有顶棚，大家都站立在雨中。楼中有八百多人，全由陈家供给饭食。陈昌期沿垛口到处巡视，陈昌齐管理着楼门的钥匙，防守很严密。起义军虽然人多势众，但那时是冷兵器的时代，只靠大刀长矛，这座高楼就显得坚不可摧。起义军不敢近前，又不甘心离开，只好把这座高楼团团围困起来。

七月十七，起义军仍不退去。陈氏考虑，农民军再这么围下去，时间长了，难免要出现意外，怎么办呢？陈昌言说："家离泽州七十里，若得救兵来，楼方可保。"经过商量，决定让陈昌期趁夜间出去，到泽州求援。到了夜晚，起义军火把照山，上下如昼。午夜时分，陈昌期就攀缘着绳索下楼。当陈昌期下楼时，大概因为没有抓紧绳索，突然摔了下去。

这时，陈昌言在楼上心胆俱裂，悔恨无极，哭着说："以十丈坠地，万无得生之理。"（陈昌言：《河山楼记》）于是遍问楼中人，谁敢下楼相救。楼中人人畏惧，无人敢应。后来仆人李忠自告奋勇，愿意下楼救人，陈家立即赏银五两。李忠攀缘着绳索下楼，用竹篓将陈昌期吊了上来。陈昌期当时昏迷不醒，陈昌言抱头痛哭，又不敢惊动老母亲。他一面指挥御敌，一面照料二弟。到了次日，陈昌期渐渐苏醒，四肢竟安然无恙，只是脸上微有血痕。

起义军围攻四昼夜，以为楼中无水，难以相持。在此之前，沁水县大兴里的柳氏，也修了一座高楼，非常坚固。起义军来攻，攻不破，只好退去。后又听说楼中无水，便去而复返，围守三日，因楼中人饥渴无奈而被攻破。有了这个教训，陈昌期便知道起义军的心思是要长期围困，就命人从楼中井下吊上水来，从楼的四围泼下去。起义军见楼中有水，觉得久困无益，只好在七月二十解围而去。

　　陈氏的这一座楼一直修到十一月，才全部竣工，又安置了弓箭、枪、铳（一种火器，在长铁管里装上火药，发射弹丸）、火药、石头。在此期间，起义军曾连续来围攻四次，皆没有攻破。周围村庄百姓在楼中躲避的前后也有一万余人次。

　　楼成之后，陈昌言想为楼取名，好久没有想出合适的名字。崇祯六年（1633）八月初一夜晚，陈昌言梦见与仙人在楼上相会，他就恳请仙人为其楼题名。这位仙人向周围环视一周之后，提笔写了"河山为囿"四个大字。陈昌言向仙人询问，这个"囿"字是什么意思。仙人说："登斯楼而望河山，不宛宛一苑囿乎？"（陈昌言：《河山楼记》）意思是说，登上这座楼，四望周围的河山，不就好像是一座很大的园林吗？陈昌言醒来之后，觉得很奇异，次日早起，登楼四望，看到周围的景象，果然不错，山环水绕，

河山楼

就是一个大园林，于是就把这座楼命名为"河山楼"。

○
○

斗筑可居

就在中道庄陈氏修建河山楼之时，泽州城里来了一个人，名叫吴先，字开先，是安徽歙县人。此人慷慨有勇略，重信义，喜欢谈兵说剑，与泽州的文人交游甚密。崇祯五年（1632）七月，驻泽州的兵备副使王肇生听说吴先有勇略，对他恩礼有加，并在泽州演武场设坛，拜请吴先为将，招募义勇新兵六百人让他带领，来抵御起义军。吴先率兵转战于阳城，又招募一部分青壮年参加队伍，共计一千二百人之多。九月十七，起义军集结于沁河之东，危及泽州，泽州城内人心惶惶。吴先在阳城奉命率军东渡沁河，与起义军老回回马守应在北留墩相遇，两军激战一昼夜。官军有一个参将（职位次于总兵、副总兵的军官），奉命前去增援吴先。但这个参将妒忌吴先，逗留不进。吴军与起义军战斗至后半夜，吴先战死，所率一千二百人，只有六七人生还，其余全部阵亡。

此时，起义军挥师攻泽州，州人山东右参政张光奎坚守八日，没有等来救兵，城陷，张光奎与其兄守备张光玺、守卫泽州的千总刘自安，皆战死。泽州是大州，号称晋豫咽喉，乃兵家必争之地。泽州城破之后，朝野为之震动。明廷感到问题严重，遂调集重兵在山西加紧围剿。崇祯皇帝急命陕、晋、豫官军实行联防，围剿义军。总兵左良玉奉命援河南，驻守泽州。

进入山西的起义军在首领王自用领导之下，逐步形成了推翻明朝腐败统治的政治理想，分三路在山西作战，攻击官军。崇祯五年（1632）十月，农民军北进，山西巡抚宋统殷和冀南兵备道王肇生带兵到陵川堵截，被农民军杀得大败，宋统殷和王肇生败逃至高平，与宣大总督张宗衡会合。十一月，起义军老回回马守应经沁水樊山到阳城，阳城知县杨镇原闭城严守。总兵尤世禄率兵至，与起义军激战，互有胜负。另一支起义军，被明将白安追至阳城，与老回回部联合西去。崇祯六年（1633）正月，农民起义军转战阳城，大败官军，明参将芮琦等战死。七月，农民军攻破沁水城，杀沁水知县焦鳌。

农民起义军的势力不断壮大，令中道庄的陈氏家族更为忧心。虽然河山楼坚不可摧，楼内可容人千口，足以担当一面，但粮食包裹不能多藏，牛马等牲畜也无处躲避，每每遭到杀掠。陈昌言对此事日夜思虑，想找一个万全之策。于是他想，修一座楼已经很有成效，如果能修一座城堡肯定会更加安全可靠。况且中道庄本来就不很大，所居住的又都是陈氏同宗之人，如果能共同修筑一座城堡自守，应该不是难事。于是他把族人集中起来，申说他的想法，晓以同舟共济的道理，希望共筑一城，以图永固之利。但是陈氏族人各藏私心，又有重金钱而轻性命之人，人多嘴杂，众说纷纭，无法形成共识。陈昌言无法相强，只好打算把自己这一家所居住的地方围起来修一座城堡。可是他的房产所相邻的地基都是同宗族人的产业，族人又不肯相让，他只好恳请亲友帮助说合，破费很多钱财，再以自己的产业相兑换，这样才勉强将相邻的房产地基谈妥。

崇祯六年（1633）七月二十一，陈氏修筑城堡的工程动工了。工程进行了八个月，到次年即崇祯七年（1634）的二月才竣工。这座城堡周围大约有百丈，高二丈，垛口二百，开西、北两门，门均用铁皮包裹，门上修有城楼。铁门之外，设有粗大的木栅栏。一切闲人往来，只能在栅栏外，不得擅自入内。城堡东面的山最高，若敌人居高临下，不利于防守。所以在东墙上覆以椽瓦，使敌人的石头、弓箭不能从上空攻击，守卫的垛夫可以不受到威胁。城堡的东北角上，筑春秋阁，祀奉关圣帝君；东南角上，筑文昌阁，祀奉文昌帝君。这项工程共花费白银一千余两。城堡修成之后，陈氏又训练了守城的家丁，添置了武器，备了火器，贮积了粮食煤炭。

陈昌言把这座城堡取名叫作"斗筑居"。"斗"，是一种量器，十升为一斗。"筑"指居室。"斗筑"是指像斗那么大的一个小居室，如同说"斗室""斗城"。"斗筑可居"就是说这座小城堡虽然只有斗那么大，却可以安居乐业。陈昌言在城堡上题写了"斗筑可居"的匾额，并作《斗筑居铭》，以告诫子孙创业不易，守成更难，让子孙后代和睦相处，牢记祖训，时时小心，防水防火，维护城堡，保全家业。

斗筑居城

　　农民起义军在山西南部，特别是在晋城地区得到了贫苦农民的支持和响应，很快发展壮大起来，并且在与官兵的多次作战中经受了考验和锻炼。崇祯六年（1633）夏，起义军首领王自用在河南济源中箭身亡，各路起义军拥推闯王高迎祥为首领。这年冬季，起义军在官军的重重围攻之下，趁黄河结冰之时，从豫北渡过黄河，进入河南中部和西部。起义军活动的区域扩大了，不仅限于山西、陕西一隅，从此拉开了明末全国性农民大起义的序幕，开始了逐鹿中原、问鼎天下的农民战争。

　　在农民起义军渡过黄河南下中原之后，晋城地区又恢复了暂时的平静。陈氏三兄弟的老大陈昌言，字禹前，号道庄，一号泉山。他幼时非常聪明，与普通孩子大不一样，考中了秀才之后，进入州学读书，每次考试都名列前茅。崇祯三年（1630）秋天，陈昌言到太原参加乡试，考中了举人。崇祯四年（1631）农民起义军进入阳城，崇祯五年（1632）陈氏修建了河山楼，崇祯六年（1633）夏又开始修建斗筑居城。在修建斗筑居城期间，陈昌言又赴北京参加了崇祯七年（1634）春天的会试和殿试，二月二十七放了榜，陈昌言高中进士，这时他三十七岁。陈氏家族的第五代陈天佑曾于嘉靖二十三年（1544）中了进士，到第八代陈昌言中进士已经整整过了九十年时间。陈昌言是陈氏家族的第二个进士，授京师永平府乐亭县（今河北乐亭县）知县。这年秋天，陈昌言就起程到乐亭县去上任。

在任乐亭知县期间，陈昌言努力做一个好官、清官。朝廷的吏部每三年要对官员组织一次考绩，审定职官的才德优劣，分为称职、平常、不称职三等。陈昌言在乐亭的政绩较好，所以经过考绩，被调到京城里当京官。他离任之后，乐亭的百姓感激他的德政，为他立了生祠。

陈昌言调入京城，到都察院担任监察御史，主要职责是对百官进行监督弹劾。都察院的监察御史分属于十三道，一百多人，陈昌言是浙江道监察御史。监察御史官位不高，仍然是正七品，但御史掌管风纪，纠察百官，职务很重要，受人重视。当时的官场流行着这样的谚语："名莫美，成进士；官莫高，为御史。"（白胤谦：《泉山陈公墓志铭》）意思是说，不必追求美名，只需要成为进士就好；不必追求高官，只要成为御史就可以了。

监察御史还经常被皇帝派出去到各省巡视，称为巡按御史，俗称"八府巡按"，代天子行事，既是皇帝的耳目，又是代皇帝巡狩，小事可独断，大事启奏朝廷。在明代，省一级的管理机构有布政使司、按察使司和都指挥使司三个衙门，叫作三司。三司的长官布政使为从二品，按察使为正三品，都指挥使为正二品。巡按御史只有七品，但因为巡按御史是代皇帝办事，类似于钦差大臣，也驻在省城，和省里的三司长官的权势相当，甚至还在三司长官之上。在明朝初期，三司长官出门处理公务是骑马，巡按御史出巡时按规定是骑驴。到宣德年间，有一个巡按御史叫胡智，感觉骑驴不气派，颇失体面，就给皇帝上疏说，巡按御史既然是代替皇帝办事，在三司长官之上，那就应该和三司的长官一样，出门时也应该骑马。皇帝看到他的请求，就欣然批准了。自此，御史出巡不但骑马，而且还"绣衣持斧"，以显示其为皇帝特派，可掌生杀大权。陈昌言曾经被皇帝派出巡按山东。在巡按山东的一年之中，他就向朝廷上了几十道奏疏，纠劾贪官污吏，处分不法官员，对权贵毫不畏惧，铁面无私，直声达于朝野。

在陈昌言做官期间，陈家发生了一件不幸的事情，他的三弟陈昌齐病逝了。陈昌齐，字大虞，自幼颖悟，五岁就能识字读书，而且读书特别用功。为人沉默寡言，厚重老成。崇祯八年（1635）二十一岁时，与二兄陈昌期同时考中秀才。就在这一年冬天，他去乐亭县陈昌言的官署内读书，与长兄陈昌言朝夕相处，探讨学业，进步很快。可是到次年夏天，陈昌齐得了呕血之症，请医诊治，不见好转，到初秋渐重。他只好离开乐亭，扶病归家，于崇祯十一年（1638）十二月病故，终年二十四岁。陈昌齐原配杨氏，润城上佛村人，崇祯六年（1633）病故，终年十九岁。继娶卫氏，章训村人，崇祯十三年（1640）病故，只比陈昌齐迟亡十五个月，终年二十岁。陈昌齐无子女，后来以陈昌期之次子陈廷继为嗣。

陈氏三兄弟的老二陈昌期，字大来，号鱼山。其兄昌言在外做官，昌期在籍治家，奉养老母范氏。崇祯十五年（1642），陈昌期在斗筑居城外买了四十亩地，写信告诉了大哥陈昌言。陈昌言立即对这四十亩地做了安排，他说："今于斗筑外，又买得闲田四十亩许，高下可因，堪理别墅。余意于居之北一区作稷事，终岁问农，为力本计；其南一区作止园，为书堂，引水通渠，栽花灌木，可以课读，可以陶情，老足矣。"（陈昌言：《家弟书至诗序》）按陈昌言的计划，要在斗筑居城外修建一座别墅。别墅北面的土地用来种庄稼，南面可以修建止园、书堂，作为自己将来养老读书的地方。

陈昌期按照大哥的吩咐，立刻动工在斗筑居前修建了别墅，这个别墅就是后来的大学士第，即陈廷敬的相府。当时没有修建止园、书堂，是因为陈昌言还不到辞官养老的年龄，更主要的原因是时局动荡。当时是明崇祯十五年（1642），大明朝廷已经是风雨飘摇，日薄西山，濒于崩溃。农民起义军已成燎原之势，力量更加强大，威胁着明王朝的江山社稷。满洲铁骑虎视眈眈，曾多次入关侵袭，势不可挡。陈昌言在外地做官时，亲眼看到了满洲骑兵蹂躏关内的惨况。那是崇祯十一年（1638），清军入关，铁骑强悍无比，所向披靡，前后破畿辅（京都周围的地区）州县四十三、山东州县十八，掳掠人口四十六万余人，直到次年三月才出青山口而去。

基于当时的形势，战乱随时可能发生，所以陈氏在修建别墅的同时，又把斗筑居城向西进行了扩展，修成了中道庄城。中道庄城仍然是非常坚固的防御性城堡式建筑，共有四门，中道庄门是正门，另外还有南门、北门和西偏门。陈昌言也于这年回到了家中，主持修建陈氏别墅和中道庄城的工程，并在城正门的石匾上题写了"中道庄"三

中道庄

个大字，上款为"崇祯壬午孟春"，下款为"道庄主人建"。崇祯壬午是明崇祯十五年（1642），道庄主人是陈昌言的号。

到次年即崇祯十六年（1643）夏天六月，工程竣工后，陈昌言才又辞家返任。他在途中写诗寄给二弟昌期，其中有这样两句："风雨征途空碌碌，兵戈王事正皇皇。"（陈昌言：《癸未季夏发家园，越二日立秋，寄大来弟》）"碌碌"是繁忙劳苦的意思，"兵戈"是指战争，"王事"是指国家大事，"皇皇"即"惶惶"，是恐惧不安的意思。这句诗正反映了当时的天下形势，十分令封建士大夫担忧。

○
○

归顺大清

从崇祯十四年（1641）起，农民起义走向高潮，形成了李自成和张献忠两大主力军，分别在北方和南方发展，攻城略地，节节胜利。他们早已改变了过去纪律松弛的情况，变成了纪律严明，所经之处秋毫无犯的军队，有了明确的政治目标，要彻底推翻明朝的腐败统治。崇祯十七年（1644）正月，农民起义军领袖李自成在西安建国称帝，国号大顺，改元永昌。

崇祯十七年（1644）三月，李自成统兵渡黄河进入山西，三月十七进围北京，三月十九，大顺军攻克北京，明朝崇祯皇帝朱由检自缢身死。当天大顺皇帝李自成进入北京，标志着明朝的覆亡。

明朝覆亡之后，李自成对明朝官员采取慎重选用的政策，凡三品以上的大官全部不用，四品以下的官员则酌情录用。当大顺朝宣布了这项政策之后，明朝官员争先恐后地前往大顺朝的吏政府报名请求录用。当时陈昌言在都察院任浙江道监察御史，李自成围攻北京城之时没能逃出来，于是他和其他大多数官员一样，投靠了大顺政权。

李自成进入北京之后，形势很快急转直下。李自成率大顺军到达山海关与明总兵吴三桂作战。吴三桂引清军入关。由于兵力悬殊，大顺军大败，被迫退出北京，经山西进入陕西。大顺军在北京首尾不过四十二天，李自成退出北京之时，明朝的大批官员也趁此机会逃出京城，陈昌言也在此时逃回阳城县中道庄。陈昌言回到中道庄之后写了一首诗，隐约透露了他于鼎革之际的一些困惑。陈昌言的诗题为《蛰居》，诗前的小序写道："有屋一间，尽可容膝。甲申避乱其间，因名。"意思是说，在中道庄有一间小屋，尽可以容我起居，甲申之变时我在其中避乱，所以把这间小屋命名为"蛰居"。"蛰"是"伏藏"之意。"蛰居"就是伏藏的居所。他的诗是这样的：

大厦虽非一木支，苟全乱世欲何为？
忧将天问凭谁解，惭对青山转自疑。
半榻奇书消寂寞，一杯玄酒了愚痴。
愁多潦倒无新句，且向残灯改旧诗。

大意是说，大厦不是一根木头能够支撑的，我苟全性命于乱世之中又能怎么样呢？我日夜忧愁，向天发问，凭谁能够给我解答？面对青山，满怀羞惭，内心产生了更多的疑虑。摆满奇书可供我消除寂寞的时光，杯子里的薄酒可让我忘却愚痴的想法。愁苦失意写不出清新的诗句，只好在残灯之下修改过去的旧作。

这首诗可分为两部分，前四句写自己矛盾复杂的思想和心情，后四句写自己只能以看书、饮酒、写诗来消磨时光，排解愁思。前四句是这首诗的重点，可以帮助我们分析陈昌言当时的思想。第一、第二句是表明心迹，表明他对明王朝的态度：明朝天下不是哪一个人能够支撑起来的，这已经是不可改变的事实了，虽然我苟全性命活了下来，又能起什么作用呢？言外之意是我真应该身殉社稷，去为国尽忠啊，我为什么要活下来呢？勉强活下来又有什么价值呢？这是他心里无法消解的矛盾。接下来第三句，进一步揭示了内心的矛盾。明朝灭亡，他本应以死报国，可他没有死，变节归附了李自成的新朝也就罢了，可是谁又能料到这个看起来方兴未艾的新朝仅仅四十二天就败亡了，这样使他的委身变节就显得非常不划算，担上个变节名声究竟是图了什么？大明王朝能被所谓的"流贼"李自成所推翻，在当时他和大多数归附大顺的降臣都认为明朝的气数尽了，天命所归，要被李自成的大顺朝所代替，可大顺朝为什么竟这样短命呢？自己刚刚投靠了新主，顷刻又变成了无枝可依的惊弓之鸟，这真是造化弄人啊，命运和自己开了个大玩笑。他心里想不通，找不到答案，他仰问苍天，也得不到解释。陈昌言是饱读孔孟之书的儒士，他太懂得忠孝节义的含义了，所以他写出了第四句："惭对青山转自疑。"他惭愧自己失节投敌，委身事贼；疑虑自己前途渺茫，无所适从。

大顺朝败走、满洲贵族入侵，自己究竟该怎么办？出路在哪里？陈昌言陷入了两难的境地，进退维谷。不过，他很快认清了大势。他亲眼看到了清军的威猛，明军腐败不堪，李自成的队伍遇到清军也不堪一击。与如此强大的侵略者对抗，肯定是凶多吉少。陈氏家族能走到今天这一步容易吗？陈昌言能走到今天这一步容易吗？鱼和熊掌不可兼得。清军入关后，清廷对前明的官员大加笼络，只要是在明朝做过官的，都按原官起用。这项政策给中道庄的陈昌言带来了曙光，他觉得这是一条阳关大道。果然，陈昌言投降了清朝之后，立即官复原职，仍然是监察御史。

清顺治二年（1645），清朝的军队攻克了南京，史可法英勇殉国，弘光朝廷土崩瓦解。清廷设置江南省，辖今江苏、安徽及江北等地，陈昌言就被任命为提督江南学政。学政是主持一个地区教育的官员，由皇帝亲自任命，称作钦点学政。学政均从京官中选派，任期三年。学政到所在省之后，独立行使管理教育的职权，与该省的总督、巡抚平起平坐，而总督、巡抚不得干涉学政事务。清顺治时，只有顺天府（今北京市）、江南省、浙江省称学政，其余各省都称学道。江南在全国来说是一个大省，地位非常重要，陈昌言被任命为江南省学政，可见陈昌言投清之后，很受清廷的重用。

全国的抗清斗争，在清初仍然风起云涌，此起彼伏。山西虽然处在清廷的后方，也爆发了以姜瓖为首的大规模反清斗争。

姜瓖，原是明朝挂镇朔将军印的大同总兵官。崇祯十七年（1644）三月大顺军攻克太原后，他投降了大顺政权。同年五月，归附了清朝。这以后的三年里，清廷对陕南、四川用兵，曾多次征发山西的人力、物力，加重了官民的负担。顺治五年（1648）十一月，姜瓖对清朝统治者崇满歧汉政策早已心怀不满，大同地区的清朝官员又奉命征集粮草，急如星火，百姓怨声载道。于是，姜瓖在十二月初三，突然关闭城门，下令割辫子、易冠服，自称大将军，公开揭起了反清复明的旗帜。

大同举义后，山西各地闻风响应，在很短的时间里，便成燎原之势。阳城人张斗光本来就在麻楼山聚众抗清，姜瓖反正后即率军攻打泽州。潞安（今山西长治）义军统帅胡国鼎命陈杜、乔炳、许守信前来支援，声势十分浩大。张斗光攻下泽州城，以泽州为根据地，接着进军陵川，围攻陵川县城。清朝陵川知县李向禹见城不保，又无退路，知道难免一死。其妻王氏无奈，便与二女在后堂自缢。李向禹拼死抵抗，城破被杀。张斗光又出兵攻沁水县城，沁水知县刘昌（隆平人）抵敌不住，便暗中安排妻子儿女带着金银细软出城，潜回老家。自己声称到河东去求救兵来守城，实际他出城后便仓皇逃窜。沁水城破。晋东南一府（潞安府）二州（泽州、沁州）为义军所占领，全部插上了前明的旗帜。

执掌清廷最高权力的摄政王多尔衮两次亲征山西，都没有取得明显战果。顺治六年（1649）八月，大同已经被围困整整九个月，姜瓖部下的总兵杨振威变节，暗中派人出城与围城清军联系，杀害姜瓖与其兄姜琳、弟姜有光，持首级出城投降。

泽州的张斗光听到大同失守的消息，并不气馁，继续坚持抗清斗争。他在泽州各县设置官吏，建立政权，深受百姓拥护，青壮年纷纷参加他的抗清队伍。张斗光看到在这次抗清斗争中，山西好多前明官员和地方绅士都纷纷起兵抗清，特别是明朝崇祯年间的大学士李建泰，山西曲沃人，曾经降顺、降清，后来又辞官归里，参加了抗清斗争。因此张斗光也想得到地方绅士的支持。由于中道庄的陈昌期是当时晋城一带最有名望的乡绅，便决定请陈昌期共谋抗清大事。于是张斗光写了一封措辞恳切的书信，派人带着厚礼去见陈昌期，请陈昌期前来共事。张斗光的使者来到陈家，送上金帛礼品，说明来意。陈昌期撕碎了张斗光的书信，拒收礼物，怒骂曰："贼奴死在旦夕耳，敢胁我耶！"（陈廷敬：《鱼山府君行状》）张斗光的使者无奈，只好回泽州复命。

张斗光得知陈昌期不愿合作，而且出言不逊，十分愤怒，便率军数千人于薄暮时分来到中道庄，将城堡团团围住，云梯、大炮、火器诸物，无不齐备。

陈昌期立即集中家丁，指挥家丁迅速收拾武器，准备守城，并且和他们说："受恩本朝，为臣子，誓不陷身于贼。贼反复倡乱，此特贷命漏刻耳！吾已度外置妻子，若汝曹不协力坚守，一旦为贼所污，异时王师至，无噍（jiào）类（指活人）矣。"意思是说，我受恩于大清朝，成了大清的臣子，发誓绝不以身事贼。此贼反复发动叛乱，只不过是朝廷暂时宽免他的性命罢了。我已将妻子儿女置之度外，如果你们不全力坚守，一旦城破被反贼所利用，将来朝廷的大军到了，就没有活命了。

陈昌期的妻子张氏哭着对昌期说："吾必不辱君，堡破请先死，君其勉之！"意思是说：我肯定不让你受到侮辱，城堡如果万一被攻破，请让我先死，你一定要努力啊！当时张氏刚生第三女，犹在产褥中，她说："此非安寝之时！"（陈廷敬：《母淑人行状》）于是立刻起床准备粮食饭菜，辅佐陈昌期守城，终夜未尝解衣休息。

据陈廷敬在《鱼山府君行状》中的记述，陈廷敬这时已经十二岁，随父陈昌期登城瞭望。张斗光先礼后兵，又写了一封书信，言辞更为诚恳，晓以抗清复明之大义，以箭系书，射于城上。陈昌期接到张斗光射上来的书信，目不正视，撕成碎片，说："以身死忠，永无二念。"

张斗光看到中道庄城堡坚固，预料难以攻下，便向陈昌期索取金银财帛，以充军饷。陈昌期说："为大清守一块土，金帛以劳守者，何贿贼为？"意思是说，我要为大清朝守卫这一块土地，金银财帛是用来慰劳守卫兵士的，为什么要给你这反贼啊？

张斗光见陈昌期态度坚决，再无回旋的余地，便下令攻城，攻势异常猛烈。陈昌期以重金赏赐守城壮丁，顽强抵抗，炮火矢石齐发，情势非常危急，陈昌期也异常恐慌，左思右想，无计可施。正在此万分危急之时，张斗光军忽然放开一角而去，然后全军尽皆撤去。

原来清军攻破大同、朔州之后，逐渐平定了晋北，然后大军南下。十月初四，清军用红衣大炮攻破太谷县城；初十占领沁州城，接着又攻克潞安。驻守泽州的陈杜得到消息，忙派人告知张斗光。张斗光闻讯，急率军回救泽州。

十一月，清将博洛率领镇国公韩岱、固山额真石廷柱、左梦庚等部在泽州击败反清义师，义军部院陈杜、监军道何守忠、守将张斗光等被擒杀。就这样，山西大规模的反清力量被镇压下去了。

之后，清廷在北方的统治逐渐趋于稳固。陈昌言、陈昌期兄弟投清的选择使陈氏家族安全地度过改朝换代、天下动乱的危险期，仍然保持了陈昌言的官位和荣华富贵，保持了陈氏家族富甲一方的乡绅地位，并且为陈氏家族的进一步发展创造了条件。

○
○

激流知止

　　陈氏第八世三兄弟的老二陈昌期，字大来，号鱼山。他比长兄陈昌言整整小十岁。明崇祯七年（1634），陈昌言考中进士后在外做官，他在家奉养老母。先娶了一个妻子，是阳城县白巷里的乡饮宾李氏之女。但李氏多病，不久就病逝了。

　　陈昌期的母亲范氏夫人，又要为儿子说亲。她听说沁水县郭壁村的张家有一个女儿，才貌双全，即聘为儿媳。张氏出身于世宦之家，祖上历代为官。祖父张之屏，明万历二年（1574）进士，累官陕西商洛道左参政。父亲张洪翼，字万涵，明万历三十一年（1603）举人，署朝邑县教谕，官至广平府威县（今属河北省）知县。母亲王孺人，出身名门，大家闺秀，是明代著名政治家吏部尚书王国光的孙女。

　　张洪翼已是壮年，没有儿子，这一个女儿生得非常聪明，异于常女，所以张洪翼对她十分钟爱，就把她当作儿子来养。在古代，女子本来是不读书的，他却要让女儿读书，并且自己亲自教。张氏先后读了"四书"、《资治通鉴》、《列女传》等，全部能熟背，而且能通晓大意。张氏字也写得好，一笔蝇头小楷，不亚于州县学校里的秀才。其母亲王氏，做事有规有矩，待亲戚乡邻皆以礼，对下人宽严得中。她对女儿日夜训诫，凡做事皆有法度，女儿亦善承母意。这样，父亲教张氏读书，母亲教张氏待人治家之法，把张氏调教成了一个德才兼备的贤淑女子。

张氏既是贤妇，又是才女。嫁至陈家之后，长兄陈昌言之妻李氏多病，三弟陈昌齐夫妇早夭，婆母范氏寡居在堂，张氏晨夕侍于侧，一切烹饪缝纫诸琐碎事，皆亲自动手。范氏夫人老而长斋，喜洁清，非张氏所烹食物则不甘味。于是范氏夫人每每叹息说："无此贤新妇，何以娱我老人？"（陈廷敬：《母淑人行状》）

陈昌言在做官期间，俸禄收入全部交给了他的二弟陈昌期。俗话说，长兄如父，陈昌期也像尊重父亲一样尊重他。早在明朝崇祯十五年（1642）的时候，陈昌期买了四十亩地，修建了别墅和中道庄城。本来陈昌言还有修建止园、书堂的计划，但由于时局动荡，未能实现。原来，陈昌言早已产生了退隐的念头，他计划修建止园、书堂，是要为自己筹划一块养老之地，等自己退休之后，能有一个读书、怡情的地方。他在做这个计划的时候，写了一首长诗，寄给二弟陈昌期。诗是这样写的：

> 黄流几见可常清，素月几见可常圆。
> 白驹飞走谁能系？电光过目矢去弦。
> 世事蕉鹿总堪疑，底事人前浪皱眉？
> 仆仆东西苦未歇，山衔半日已将夷。
> 初拟一官差足好，那知得官翻生恼。

十载潦倒看青袍，一簪华发客将老。

客思悠悠常在间，合眼便到斗筑居。

有梦唯牵膝下裾，无心复驾长安车。

长安更比蜀道难，人情巇险胜巉岏。

纵使到头终有尽，不如十亩吾庐宽。

吾庐偃息东皋下，四望烟霞殊堪把。

木石与居宁厌深，况有温泉清可泻。

我如飞鸟倦欲还，喜尔屋边买青山。

秋风丛桂何馥郁！石上流水日潺潺。

竹窗清幽可倚徙，满架缥缃贮图史。

浊酒但得供浇书，布衣蔬食亦知止。

浮生何事日芒芒？杜水陶山淡有光。

借问考槃何处是？斗筑之居中道庄。

（陈昌言：《家弟书至》）

这首诗大意是说，黄河有几次见过是清澈的，月亮有几次见过是圆满的，世事多不如人意。时间像白马飞走一样过得很快，如同电光过目，如同飞箭离弦，一瞬即逝。世事就如同梦幻一样，让人疑虑不定，为什么总在人前徒然皱眉？我一生东奔西走，风尘劳顿，无法停息，好像日薄西山，将要落下了。原来想着能有一官半职就很不错了，哪里知道得到官职反而生出来很多的烦恼。做了十年的小官颓丧失意，头上一簪白发，自己即将老去。作客在外，但心念总是在故乡，一合上眼便回到了斗筑居的家中。在梦中，家中的亲人拉着我膝下的袍襟，我已经无心再驾着车到京城的道路上行驶了。京城的处境好比蜀道艰难，人心险恶，远远胜过险峻的高山。即使是到头来也终有穷尽，不如我自己的十亩家园宽阔。我的家园在安静的东山之下，举目四望，烟霞美景可爱得能够用手把握。生活于林木山石之间哪会嫌它幽深，何况还有清澈的温泉倾泻下来，环境是多么优美啊！我在外做官，就像疲倦的飞鸟一样要回家了，所以得知兄弟你在斗筑居旁边买了青山良田的消息特别高兴。秋风中丛生的桂树芳香浓郁，石上的流水每日淙淙作响。在清幽的竹窗下可以流连徘徊，满架的淡青浅黄，收藏着丰富的图书经史。浑浊的酒浆可以供我浇灌腹中的诗书，粗糙的衣食也能够使我心中得到满足。人生为什么要在纷乱繁杂的事务之中度过？像杜甫和陶潜一样隐居，青山绿水，看似平淡，实则富有光彩。问我将来的归隐之地在何处，就是中道庄的斗筑之居。

这一首长诗写出了陈昌言感叹人生苦短、世事如梦、官场险恶、眷恋家园的诸多烦恼，抒发他喜爱林泉、决意归隐田园的思想意趣。陈昌期深深地理解兄长的心思，决心要为兄长修建养老之所。因此在山西的反清运动被镇压之后，陈昌期看到天下太平了，为了满足其兄长的愿望，就在中道庄城的南面，开工修建止园、书堂，书堂后来俗称为南书院。清顺治十年（1653）夏，陈昌言已经五十六岁了，他的老母范氏依然康健在堂，他就向皇帝上疏，要求回家探望老母，请假一年。他回到家中之时，正是止园落成之日，他看了止园的景观之后非常高兴，于是写了一首赞美止园的诗《止园落成即景》：

> 随地聊成趣，依山近水滨。
> 凿池生荇藻，叠石像嶙峋。
> 楼建元龙志，园修董子邻。
> 竹林书屋邃，花坞药栏新。
> 塞门蠲尘虑，交游尽古人。
> 天渊时共映，鱼鸟日相亲。
> 蜡屐寻樵路，青蓑理钓纶。
> 狂歌邀月盏，滥醉落风巾。
> 自可称园叟，何妨作酒民。
> 心闲身似客，榻静主如宾。
> 且得如三径，何须别问津！

意思是说，止园里的景观依山傍水，随地而建，自然成趣。止园中凿地为池，长满荇藻植物；叠石为山，突兀高耸。建楼要有东汉陈登（字元龙）那样的志向，修园要有西汉董仲舒那样的邻居。竹林之中的书屋遥远深邃，花木之间的药栏清新可爱。关住大门俗念全然消尽，前来交游的都是古代贤人。天上的云彩与水池中的倒影交相辉映，安详的游鱼与自在的飞鸟相爱相亲。我穿着蜡屐寻找樵夫的去路，披着蓑衣整理垂钓的丝纶。兴致到来唱着歌邀请明月与我共饮，酩酊大醉摇摇晃晃被微风吹落头巾。当然可以称为治园的老叟，又何妨做一个自在的酒民。心情悠闲，自身如同贵客，睡榻清静，主人反成嘉宾。能有如此美好的隐居之所，何必再到别处寻访问津?!

据史料记载，止园中有很多景观，如：影翠廊、借景楼、绿玉屏风、石楠坞、二乡深处、莲塘、浣花第二泉、韭畦等。这里的"二乡深处"是什么意思，单从字面上看不容易理解。清代郭峪里有一位诗人叫窦家善，字积之，他有一首《二乡深处》诗对此做了解释：

伏枕无俗萦，衔杯有真趣。

不图身后名，但愿此中住。

从这首诗"伏枕无俗萦，衔杯有真趣"二句，可知二乡深处所谓的"二乡"是梦乡和醉乡。诗人认为，伏枕进入梦乡，无俗念萦绕，衔杯进入醉乡，有天真意趣。

止园的景致，让陈昌言欣赏和陶醉。因此他决定离开官场，就此隐居终老，在止园中诗酒自娱，尽享山林泉石之乐。陈昌言把这个园林命名为止园，也就是要"知止"。所谓"知止"，就是要急流勇退。"知止"语出老子《道德经》："知止不殆，可以长久。"意思是说，凡事要知道适可而止，便不会遇到危险，这样才能长久地存在下去。

到顺治十一年（1654），陈昌言探亲的假期满了，但他身体不适，又续了假。顺治十二年（1655）十月，陈昌言病故，终年五十八岁。陈昌言为官清正，是一位正直的官员，为百姓做了不少好事。他文采优长，一生写了很多作品，著有诗集《东溟草》《燕邸草》《东巡草》《南校草》《山居草》，以及文集《斗筑居集》。他修建了斗筑居城堡，写了《斗筑居铭》，告诫后人创业不易。并查考家族历史，传承祖训，使陈氏的后人获得教益。陈昌言是陈氏家族历史上的一个关键人物，对陈氏家族的发展起到了重要的推动作用。

第二章

簪缨巨族

石壁飞鱼

在止园中有一个著名的景观叫作"飞鱼阁"，陈廷敬也曾写过一首吟咏飞鱼阁的诗，曰：

石鱼出山时，山云宿旧处。

高阁风雨多，鱼飞自来去。

（陈廷敬：《飞鱼阁》）

这首诗说的是一个石壁飞鱼的故事。故事说，在明朝崇祯三年（1630）的春天，有一个道士，将头发束成髻，带着有铜饰的道冠，穿戴整齐，来到中道庄，坐在山下的一个茅屋里，几天不吃不喝，庄上的人都争着去看。陈昌言的弟弟，也就是陈廷敬的父亲陈昌期，听到这件事后，就去给这个道人送了饭菜，询问他到这里来的缘故。道人没有正面回答，只是告诉他说："中道庄东边这座山是一座鱼山，山中藏有石鱼，鳞角都已经生成了，现在这条鱼就要飞腾而出，这说明此地就要出贵人了。"

这个故事不仅是在民间口耳相传，而且见于文献记载。

石壁飞鱼版本之一：

> 陈侍御昌言记云：崇祯庚午春，有道人铜冠束发，来坐山庵，数日不食，人争往视之。予弟大来饭之，询以故，亦不语。但云此山乃鱼山也，鳞角已就，势欲飞腾，当即出贵人矣。
>
> （同治《阳城县志》）

陈昌言的记载把故事发生的时间、地点、情节都讲得很清楚。当然，道士所讲的内容完全是不经之谈，但它对于陈氏家族来说是一个非常吉利的兆头。陈氏要实现读书做官的理想，这个道人说此地要出贵人，正好迎合了陈氏家族的意愿。所以陈昌期就把东山改名为鱼山，并在山石上建了飞鱼阁，在石壁上刻了飞鱼的形状，并且取"鱼山"为自己的别号。

崇祯五年（1632）四月二十七，陈氏家族第八世陈昌言的儿子陈元出生，是陈氏家族第九代长门嫡子，是陈廷敬的堂兄，所以全家非常高兴，给他取乳名叫兴第，就是振兴门第的意思。

崇祯十一年（1638）十一月二十七，陈氏家族第八世陈昌期的儿子陈敬出生。《午亭山人年谱》记载了一个故事：有一天夜里，陈昌期的妻子张氏梦见有神仙来，授给她一个玉匣珠囊，就是一个镶嵌着玉石的木匣子，里面放有一个锦囊，锦囊内装着一颗价值连城的宝珠。张氏接到这个玉匣，便随手放入怀中，她就这样怀了胎，生了儿子，取名陈敬，就是后来的陈廷敬。《午亭山人年谱》是清代无名氏所撰，梦授玉匣珠囊的故事，当然是出自后人的附会，不足为信。

陈廷敬出生之后，母亲张氏缺奶，只好请乳母给他喂奶。但陈廷敬生性怯懦，特别好哭，出生三四十天就能辨认生熟人，找了十多个乳母来给他喂奶，陈廷敬都不要，一见到就大哭不止。郭峪里有一个妇人赵氏，二十三岁，陈廷敬愿意吃她的奶，只要赵氏一来，他就立刻不哭了。赵氏在陈家一住五年，专为陈廷敬喂奶。

陈廷敬的曾祖父叫陈三乐，陈三乐弟兄四个，四弟叫陈三益，是陈廷敬的曾叔祖。陈氏本来是耕读之家，陈三益却要去经商，常年奔波在外。但他经营无方，生意不好，晚景凄凉，结果死在卫辉的一个小旅店里。陈三益没有儿子，为了生子，娶妾郭氏，是河北长芦（今河北省沧县）人，陈三益死时，她才十九岁。由于陈三益经商不成，闹得家里很贫穷。郭氏曾生一女，也早死了，一直寡居守节，靠自己纺线织布维持生计。陈廷敬出生这一年，她已经四十二岁，守寡二十三年。她与陈廷敬很投缘，陈廷敬好哭，但只要郭氏一进门，陈廷敬就立即不哭了。可是这郭氏家穷，白天要干活，每天到傍晚才能来看陈廷敬。陈廷敬也好像掌握了这个规律，只要到日暮，就哇哇大哭，要寻郭氏。这样郭氏每天日暮就来陪陈廷敬，一直陪到他两三岁，陈廷敬才不再哭了。陈廷敬少时多病，郭氏经常照顾他，所以陈廷敬和郭氏的感情非常好。郭氏的辈分高，和陈廷敬曾祖父是一辈，陈廷敬父亲陈昌期都应该叫她叔祖母，但因为她是侧室，也就是妾，在家族中没有地位，陈廷敬父母都不称呼她，所以陈廷敬少时并不知道她是自己曾叔祖的孺人，只是把她当乳母看，叫作"长芦祖母"。后来陈廷敬做了官，康熙元年（1662）探家时郭氏已经病逝，陈廷敬把她与陈三益合葬，并且为她写了墓碑，记载了她的事迹。

陈廷敬自幼聪颖，母亲张氏又饱读诗书，便亲自教陈廷敬读"四书"、《诗经》诸书，成了陈廷敬的第一个启蒙教师。明崇祯十六年（1643），陈廷敬六岁，从塾师受句读。因为陈廷敬读书极其聪明，塾师自感才学不足，不能胜任，遂辞馆。陈廷敬九岁时，赋《咏牡丹》绝句云：

牡丹后春开，梅花先春坼。

要使物皆春，定须春恨释。

《午亭山人年谱》记载，陈廷敬的母亲看了这首诗后，惊异地说："此子欲使万物皆其所也！"当时听到这件事的人，皆"惊其度量，识者以是知公后日必为名宰辅也"。

陈元和陈廷敬是陈家的第九世，应该是石壁飞鱼故事中所谓贵人的人选。陈廷敬后来贵为宰相，是大家所熟知的事，而陈元早逝，他的事迹鲜为人知。到了清乾隆年间，人们所讲述的石壁飞鱼故事的内容和陈昌言的记载就大不相同了，于是就出了石壁飞鱼的第二个版本。

石壁飞鱼版本之二：

> 陈翁昌期，相国文贞公父也，居阳城郭峪里。有游方羽客至，周览峪口曰："异哉此山！有石鱼二，宜创亭镇之，勿令飞去，子孙必大贵。"言讫而别，翁未信。一日，大雷雨，烟雾闪烁中见有振鳞而飞者，不知石为鱼而鱼为石也。惊愕间，道士适至，曰："不听吾言，已失其一。若再飞焉，山灵尽矣。"遂不见。翁因就雷雨处镇以阁，颜曰"飞鱼"，以祀孔子。后生文贞公，果大拜。今人名其山曰鱼山，且传道士临去时，石上多书"口"字云。（徐昆：《柳崖外编》）

这是清乾隆年间文学家徐昆在《柳崖外编》中的记载。徐昆，字后山，号柳崖居士，乾隆四十一年（1776）任阳城县教谕，是管理一县教育的官员。他写了一本《柳崖外编》，曾与蒲松龄的《聊斋志异》并称，他在这本书里记载了石壁飞鱼的故事。徐昆在阳城做官的时间距明崇祯三年（1630）又过了一百四十多年，离陈廷敬逝世（1712）也已经过了六十多年，所以石壁飞鱼的故事经过了民间的加工和润色，到徐昆的笔下，就变得更加富于传奇性，更加富于文学色彩了。这里记载的故事发生时间和陈昌言的记载一致，虽然他没有写出具体时间，但也说的是陈廷敬出生之前。这里说石鱼是两条，和陈昌言的记载明显不同，是后人加工附会的。这里说陈昌期修建了飞鱼阁，"以祀孔子"。陈氏想读书做官，要实现治国平天下的理想，当然要祀奉孔子。这里说道士临去时，石上多书"口"字云，言外之意是说这个道士就是吕洞宾的化身，因为"吕"字是两个"口"字组成的。在以上的两个版本中，徐昆的记载是在乾隆年间，陈廷敬早已故去，说石鱼是两条，其中一条于雷雨之夜飞去，就是后人根据陈廷敬贵为宰相、陈元早逝而附会的。

○
○

桂宫联捷

陈昌言之子陈元和陈昌期之子陈廷敬兄弟二人是陈氏家族的第九代。陈元生于明崇祯五年（1632），陈廷敬生于崇祯十一年（1638），年龄相差六岁。陈元少时，受业于叔父陈昌期。陈昌期教以立品为先，次及举业。陈元聪颖异常，读书用功，史书对他这样记载："博览古人传记、奇诡之文，目不再涉而谈论娓娓；下笔如风起泉涌，千万言顷刻立就。"（同治《阳城县志》卷十一《陈元传》）

陈廷敬少时，其母张氏口授"四书"、《诗经》诸书，达到了精熟的程度。以致学馆中的先生都教不了他，只好辞馆而去。后来陈廷敬就向陈元学习，二人既是兄弟，又如师生，教学相长，进步很快。陈廷敬以文章名扬海内，多得益于陈元的教导。陈廷敬于清顺治十四年（1657）考中举人，次年即顺治十五年（1658），到京城参加会试，又经过皇帝亲自主持的殿试，考取进士，入选翰林院庶吉士，成为陈氏家族的第三位进士、第一位翰林。庶吉士的名称出自《书经》上的典故。《书经·立政》曰："庶常吉士。""庶"是众多，"常吉"是祥善，"士"是指读书人。"庶常吉士"意思是众多祥善的读书人。明代时，因为这个典故，将翰林称为庶吉士，也称庶常。清代翰林院设庶常馆，让翰林在馆中继续深造学习，三年后举行考试，成绩优良者分别授以编修、检讨等职；其余则为给事中、御史，或出为州县官，谓之"散馆"。明代特别看重翰林。天顺年之后，不是翰林不能进入内阁，也就是不能当宰相。所以，读书人只要考中翰林，就有了当宰相的希望，大家就把他看作是储相，即储备宰相，或者说是候补宰相。清朝沿袭了明朝的这种制度。陈廷敬到京里考试，一举考中进士，钦点翰林，就具备了入阁拜相的起码条件。

陈元是陈廷敬的兄长，早在顺治八年（1651）陈元二十岁时，就考中了举人。因为他的父亲陈昌言于清顺治十二年（1655）十月逝世，陈元作为儿子要遵制守孝。古代礼制：父母死后，子女要守丧，三年内不得做官、婚娶、赴宴、应考。所以陈元未能参加顺治十五年（1658）举行的会试。按常规，会试每三年举行一次，陈元错过了这次机会，还要再等三年，到顺治十八年才能再参加会试。没想到刚过了一年，机会就来了。清朝入主中原之后，南明的势力一直在反抗，顺治十六年（1659）正月，清军扫平云南、贵州，把南明的永历皇帝赶到了缅甸。等消息报到京城，已经是二月，清廷于是决定开恩科。所谓开恩科，就是国家遇到大的喜庆，要给读书人恩典，体现皇恩浩荡，特地额外增加一次科举考试。顺治十六年（1659）秋天，国家举行会试。本来会试是在春天举行的，因为是额外增加的考试，所以安排在秋天举行。这年秋天，陈元赴京赶考，终于如愿以偿，考取了进士，选为翰林院清书庶吉士，成为陈氏家族的第四位进士、第二位翰林。古代神话传说月宫里有蟾蜍和丹桂，后来遂以攀登蟾宫、折取丹桂比喻科举应试及第。所以顺治十五年和顺治十六年，陈廷敬和陈元相继考中进士，叫作桂宫联捷。

陈元刚考中翰林一个月，他的祖母范氏夫人便于九月二十八病卒，讣告传到京城，他要立即回家奔丧。陈元和陈廷敬都是范氏夫人的孙子，陈廷敬则不必奔丧回籍。这是因为陈元身份特殊，陈元的父亲陈昌言是长子，丧事须由陈昌言来主持，但陈昌言已经去世，陈元要代替父亲主持丧事，这样的身份在古代叫承重孙。虽然陈元还有叔父陈昌期，但陈昌期是范氏夫人的次子，按礼制的规定，他不能代替承重孙的位置。也就是说，有长孙在，次子不能主持丧事。

陈元回家主持祖母范氏夫人的丧事，陈廷敬仍然在翰林院的庶常馆学习，学业成绩非常好，顺治皇帝又经常去庶常馆视察，并且亲自出题考校翰林，陈廷敬因为考试成绩突出，常常受到皇帝的表扬。当时的刑部尚书阳城人白胤谦在《归庸斋文》中记载说："检讨君弱冠，翱翔玉堂，所肄习之业，往往蒙上赏许。"检讨君是指陈廷敬，因为陈廷敬散馆之后所任官职是检讨。玉堂是指翰林院。上，即指皇上。

　　陈廷敬的名字本来并不叫陈廷敬，而是叫陈敬。他考秀才，考举人，中进士，以及在庶常馆学习的时候，用的都是陈敬这个名字。但在陈廷敬的同榜进士中另有一位陈敬，是通州人，与陈廷敬同名同姓，也被选入了翰林院，和陈廷敬同在庶常馆学习。为了区别，就把陈廷敬称作泽州陈敬，把另一位陈敬称作通州陈敬。此时，同在庶常馆学习的通州陈敬因满文成绩每每不合格，受到顺治皇帝的处罚。顺治十五年（1658）十二月，顺治皇帝明发上谕，通州陈敬等人被罚俸一年。陈廷敬因为也叫陈敬，与通州陈敬同名，容易引起混淆，所以他特向皇帝上奏，请求改名。顺治十六年（1659）正月十三，顺治皇帝发了为陈廷敬改名的上谕："允庶吉士陈敬奏请，更名廷敬，以与直隶通州陈敬同名故也。"（《世祖章皇帝实录》卷一百二十三）这样，顺治皇帝特地将

顺治皇帝画像

陈敬的名字中加了一个"廷"字，以与通州的陈敬相区别。到了顺治十六年（1659）的十月，通州陈敬、殷观光二人因学清书日久，文义荒疏，殊不称职，被顺治皇帝革退，永不叙用。顺治十八年（1661）正月初九，陈廷敬参加了康熙皇帝的登基大典。三月，充会试同考官。五月散馆，授翰林院检讨。

顺治十六年（1659），陈元回乡为祖母范氏守孝，到了康熙元年（1662），竟然患病去世了，年仅三十一岁。陈元，字长公，号澹庵，一号端坪，陈昌言之子。生于明崇祯五年（1632）四月二十七，卒于清康熙元年（1662）。著有《澹庵诗集》。陈元无子嗣。后来陈昌期让他的第六子陈廷统之次子陈复刚过继陈元为嗣。陈昌期的三弟陈昌齐早逝无子，曾以陈昌期之次子陈廷继为嗣。自此，陈氏的第八世兄弟三人，长支、三支皆绝，只剩下了陈昌期一支。

冠盖如云

单说陈昌期一支。陈昌期原配李氏，多病早逝。陈昌期又娶了张氏夫人，还有两位副室，一位是程氏，一位是王氏。李氏夫人死得早，没有留下儿女。张氏夫人总共生了十个儿女，其中六个儿子，四个女儿。副室王氏没有儿女，程氏生了两个儿子，一个女儿。这样，陈昌期有八个儿子，五个女儿，总共十三个子女。八个儿子依次为廷敬、廷继、廷苍、廷愫、廷宷、廷统、廷弼、廷翰。

昆季八人，陈廷敬高中翰林，官至文渊阁大学士兼吏部尚书，成为国家的柱石之臣。其余的七个兄弟中间有一个举人、五个贡生和一个廪生。

明清时期的读书人首先要考秀才，考选秀才是三年举行一次，由朝廷派到各省的学政主持。秀才的正式名称叫生员，考中秀才称为进学。生员还要进行岁、科两试，考试中成绩特别好的可以享受食廪的待遇，就是由国家给以膳食。所谓廪就是国家的仓库，食廪就是说可以享受国家仓库里的粮食。考选府、州、县生员，特别优秀者送到太学肄业，叫作贡生。太学就是国子监，国子监是封建时代国家的最高学府。所谓贡，就是指地方向朝廷推举人才。贡生主要有五种，称为五贡。第一种，每年由府、州、县选送廪生入京都国子监继续深造，称为岁贡。第二种，凡遇皇帝登极或其他庆典，要颁布恩诏对读书人加恩，除岁贡外再加选一次，选出来的贡生称为恩贡。第三种，每三年各省学政于府、州、县在学生员中选拔文行俱优者，与督抚会考核定数名，贡入京师国子监，称为优贡，经朝考合格后可任职。第四种，在乡试中备取的列入副榜，得入太学肄业，称为副贡。第五种是拔贡，是贡生里面级别最高的一种。拔贡不是年年考，在清初是六年考一次，再后面是十二年考一次。因为考的次数少，所以考中拔贡的机会就少得多了。考选出来的优秀人才要进贡到朝廷，由朝廷再组织考试，称为朝考。朝考的成绩分为三等。第一等是拔贡里成绩最好的，可以任命为七品京官，在京城供职；第二等可以任命为七品知县，是地方官；第三等可以到地方上去做学官，就是专管教育和生员的官员，即县里的教谕、训导，州里的学政，府里的教授，等等。等级更下者罢归，叫作废贡。

秀才要再到省城参加乡试考取举人。乡试是朝廷统一组织的考试，三年举行一次，录取名额有限，乡试录取者就成为举人。有了举人的资格才能到京城参加礼部举行的会试和皇帝主持的殿试，被录取者成为进士，才有资格进入仕途。

陈廷敬的七个兄弟都有功名，虽然功名并不是太高，大多是秀才序列的，但我们也不能小看。秀才也是三年考一次，而且录取名额有限，大县不过二十个人，小县甚至仅几个人。考中秀才并不容易，考上贡生就更不容易了。他们兄弟几个虽然不能像陈廷敬、陈元那样高中进士，入选翰林，但他们都有功名，可以说也不简单。

陈廷敬是陈昌期的长子，陈廷敬的二弟叫陈廷继。陈昌期的三弟陈昌齐早逝，没有儿子，陈昌期有了第二个儿子陈廷继以后，就把他过继到了他的三弟陈昌齐的名下，继承了陈昌齐的这一支血统。所以陈昌期把他取名为陈廷继，继就是继统的意思。陈廷继，字孝章，号绵斋。他是陈昌期的副室程氏所生，康熙壬子年（1672）的拔贡，在贡生里级别最高。经过朝考之后考取第三等，授永宁州（今山西省吕梁市离石区）学正。学正是州里的学官，掌管一州的教育。后来，陈廷继又升为国子监学录。国子监是我国封建时代的教育管理机关和最高学府。学录是国子监所属学官，掌执行学规，协助博士教学。陈廷继为人谦谨公正，以培养人才为己任，受人敬重。后来陈廷继又候补了行人司的司副。行人司是一个掌管朝廷传旨、册封等事务的官府，司副是副长官。但陈廷继未去上任，辞官回家了。因为他们弟兄几个都在外面做官，父亲陈昌期已经年老，所以他回家奉养父亲，料理家务。陈廷继生性耿直，朴实无华，笃于孝行。他的家族是官宦之家，富甲一方，但他并没有贵公子的那种纨绔习气。史书上记载他"奉亲则定省勤劬，任事则条分缕析。屏于纷华，绝无纨绔之习。间出课耕，则布袍驽乘，一苍头控之。行道上，遇者不知为贵公子也"（同治《阳城县志》卷十一《陈廷继传》）。意思是说，陈廷继奉养父亲则早晚问安，任职理事则有条不紊。远离奢华，绝没有纨绔子弟的习气。有时候到田间去督促耕种，穿着布衣布袍，骑着劣马，一个仆人跟着。在路上遇到他的人，都不知道他是一个富贵家的公子。陈廷继生于清顺治元年（1644）五月初四，卒于清康熙二十八年（1689）五月十六，终年四十六岁。在陈氏兄弟中，他是第三个比较短命的人。他长于文学，喜欢写诗，著有《绵斋诗稿》《世德堂遗稿》。

陈廷敬的三弟叫陈廷荩，字逊斯，他考中了州学的廪生，能够享受食廪的待遇，在秀才这个系列里级别也是比较高的。但他二十一岁就去世了，是陈氏兄弟中活得年龄最小的。

陈廷敬的四弟叫陈廷愫，字素心，号梅庄，一号梅嵁（kān），清康熙年间恩贡，就是朝廷遇到喜庆事情以后加恩给读书人，扩大名额录取的贡生。他勇于任事，乐于助人，史书上记载他"凡抚孤济急赈荒，莫不引为己任"（同治《阳城县志》卷十《陈廷愫传》）。意思是说，凡是抚孤、救急、赈荒这样的事，他都要当成自己应尽的责任。

陈廷愫在没有做官的时候，当时的泽州官府经常向一些富户勒索羊绒、狐皮之类财物，他就多次向上官请求，革除了这一项弊政。古时候，为了防备灾荒，倡导在地方上创建义仓，丰年的时候大家都向义仓中捐纳粮食，到荒年的时候再拿出来给大家食用。陈廷愫就拿自己的粮食创办了朱子社仓，后来家乡遇上荒年，老百姓依靠社仓得到了赈济。

陈廷愫是恩贡，被吏部补选了府同知。府官的正职是知府，正四品。府同知是副职，正五品。陈廷愫有了正五品府同知的资格，但没有府同知的实缺，改授河北省武安县知县，正七品。武安县每年办漕米，百姓负载粮米运送至黄河边的船上，颇费时日，老百姓不堪其累。陈廷愫令户房的胥吏带着银子到黄河岸边买粮米交付漕运，老百姓就方便多了，减少了很多麻烦。武安县的老百姓健讼好斗，陈廷愫多方化导，民风有了很大的改变。陈廷愫在武安县任上十分清廉，深得民心。在陈廷愫之前有一个知县姓耿，是一位不贪钱做好事的官员。耿知县离任后陈廷愫上任，也是一位不贪钱做好事的官员。老百姓非常高兴，当时就传开这么一句民谣，说"耿青天后陈青天"。古代的老百姓把好官称为青天大老爷，能为老百姓办事、谋利益的官员就是青天。耿青天后陈青天，是说耿青天走后又来了一个陈青天，可见他二人在老百姓心中的分量。陈廷愫离任之后，老百姓建了生祠纪念他，祠的名称叫"一钱亭"，意思是说陈廷愫是不贪一钱的清官。

陈廷愫在武安县任满之后就辞官回乡隐居了。他在中道庄的附近修建了一座别墅，名叫梅庄，颇具园亭之胜。昔人云："梅庄居午亭之西，碧槛朱栏，回廊复阁，掩映茂林修竹之间，朝烟暮霭，苍翠迷离，不啻蓬壶阆苑也。"梅庄成为"皇城古八景"之一，叫"梅庄杏花"。

陈廷愫生于清顺治五年（1648）二月十九，卒于清康熙五十七年（1718）二月十七，终年七十一岁。陈廷愫工钟繇、王羲之小楷。著有《南游草》《归田诗录》《梅嶐遗稿》《梅庄唱和集》。

陈廷敬的五弟叫陈廷宬，字六箴，号西墅，是陈昌期的副室程氏所生，康熙年间岁贡生。陈廷宬初任太原府训导，训导是学官。他在任修复学舍，督促生徒，教育成绩突出。太原知府对他非常欣赏，把他的做法作为典范向太原府的二十七个学所推广。陈廷宬继补平阳府训导，又调任广东钦州金判。金判的职责是协助州长官处理政务及文书案牍，从七品。在此期间，陈廷宬先后代理了永安、西宁、新兴、和平几个县的知县，并有政声。不久，他升湖广郧阳府（治所在今湖北省十堰市郧阳区）通判。通判职责是分掌粮运及农田水利等事务，正六品。郧阳府为"楚北重镇，艰于转饷"，各个属县运粮饷要经过汉水到达长江，其间颇多险阻。陈廷宸请折价采买，这样既省了装运的麻烦，又避开了汉水到长江的江涛之险，军民称便。

陈廷宸在郧阳府的职务是通判，由于知府空缺，他代理郧阳知府。在此期间，他挖修渠道，浇灌民田三千余顷，为老百姓造了福。陈廷宸善决疑狱。郧阳府下辖兴国州，兴国州有一件久悬不决的疑案，知州因此而罢官。后来让陈廷宸去审讯这个案子，陈廷宸经过一次审讯，立即辨明。

陈廷宸后来被升为广东罗定州知州，正五品。罗定州是一个直隶州，就是省直管的州。他到任后，百废俱兴，做了很多好事，老百姓到处称颂他的恩德。后来，其弟陈廷弼任参议，参议就是道台，管辖罗定州。古代的官吏制度，有亲戚关系的人不能成为上下级关系。他是罗定州的知州，他的兄弟是管罗定州的道台，按制度级别低的官员必须回避。所以陈廷宸循例引避，辞官回家，在途经兴安时病卒。

陈廷宸生于清顺治七年（1650）八月初一，卒于清康熙四十九年（1710）九月十三，终年六十一岁。陈廷宸长于文学，著有《梅庵遗稿》《自怡草》《信口吟》《北上怡怡草》。

陈廷敬的六弟陈廷统，字与可，号莘野，一号秋崖。清康熙年间岁贡，初授四川成都府通判，正六品。内转大理寺副。大理寺是一个司法机构，与刑部、都察院为三法司，会同处理重大的司法案件。大理寺副是大理寺的中下层官员。不久，陈廷统升为刑部郎中。各部皆设郎中，分掌各司事务，为尚书、侍郎之下的高级官员，五品。后来，陈廷统被提拔为湖广的辰（辰州府）沅（沅州府）靖（靖州）道，即道台，四品。道台衙门设在湖南辰州的镇篁城中。他在任道台期间，镇篁城爆发了一次突然事件。

当时红苗起义，有众数万人，镇篁城中的富户某甲与红苗暗通，约为内应。镇篁城中兵不满数千，"皆老稚不可用"。史书这样记载："事起仓促，武士皆股慄，不知所为。"（同治《阳城县志》卷十《陈廷统传》）意思是说，事情太突然了，武将们皆大腿颤抖，不知道该怎么办。陈廷统作为一个文官，遇到这种情况，便站出来从容指挥，和这些苗民讲道理，劝说苗民安静下来，不要造反。他得知城里的富户某甲暗自与苗民勾结，就把这个人抓起来杀了，悬首于城上。红苗本来以某甲为内应，看到失去内应，只好退去。陈廷统派兵尾追，得胜而归。史书记载说："师旋，市井宴然，若不知有兵革者。"（光绪《山西通志》卷一百五十《仕实录六·陈廷统传》）意思是说，追兵凯旋，市面上很安静，好像不知道发生过战斗。陈廷统虽是文官，却有胆略，临事不慌，处变不惊。

不久，陈廷统改任福建延（延平府）建（建宁府）邵（邵武府）道。延平府"素称繁剧"，廷统"剔厘奸弊，宽恤人民"，史书记载他"为政不务苛细，临大事有高识远略，所任皆称治"（同治《阳城县志》卷十《陈廷统传》）。意思是说，陈廷统处理政务，不苛求细枝末节，遇到大事有远见，任职之地处处称颂他的政绩。

后来，陈廷统因偶有过失，"以吏议去，士民叹颂，有攀援流涕者"。意思是说，因为处理政务上的一点过失，陈廷统被罢了官，士大夫和老百姓非常惋惜。在他离任的时候，老百姓攀着他的轿，流着眼泪不忍让他离开，可见他在当地是为老百姓办了好事的。不久，因为他有协助军务的功劳补任陕西神木道，他没有赴任，辞官归里。陈廷统壮年离开官场，纵情于烟霞诗酒之间。

陈廷统生于清顺治十一年（1654）二月十七，卒于清康熙五十六年（1717）十二月初五，终年六十二岁。著有《握兰草》《桑干集》《镇箅边防末议》等。

陈廷敬的七弟叫陈廷弼，字荀少，号厚斋，自幼聪明，从小跟着陈廷敬学习，喜读《左传》《史记》，写文章别出心裁。陈廷弼以岁贡生授湖广临湘县知县，在任清丈民田，革除积弊。后升任澧州（直隶州）知州。澧州原来多淫祀，祭祀神灵太多，加重了老百姓的负担，陈廷弼根据国家颁布的祀典进行审核，把不必要的祭祀全部废除了。

陈廷弼后被调到桂阳任知州。桂阳是一个苗民和瑶民聚居的地方，苗族和瑶族经常起义，陈廷弼就亲自到山中与瑶民、苗民开诚布公地谈话，说服他们，使苗民和瑶民心服口服，不再起义。不久，陈廷弼内升兵部职方司员外郎，百姓攀援流涕送之。

后来，陈廷弼又升任广东粮驿巡道，管理广东一省的粮食和驿站。在此之前，广东省的粮米有多种摊派名目，老百姓不堪重负。陈廷弼到任后，把这些不合理的摊派全部革除。他又修建了三百多处粮仓，为国家储备粮食。由乐昌到彬阳长达四百里的水路非常险要，常常造成覆舟惨剧，陈廷弼就着手治理这条水道，让它成为坦途，不仅运送粮食方便，老百姓行船也大为便利。广东的民田多半临海，海水返潮的时候常常淹没良田。陈廷弼就组织民众筑起长堤，把田地保护起来，老百姓得到了实惠，非常感激他。

陈廷弼生于清顺治十五年（1658）二月十四，卒于清康熙五十三年（1714）三月初三，终年五十七岁。著有《澧阳清田录》《王屋山庄诗钞》等。

陈廷敬的八弟叫陈廷翰，字公干，号行麓，一号迂斋。他的功名是举人。这是陈廷敬七个兄弟中间唯一的一个举人，也是七个兄弟中间功名最高的一个。他考上举人以后，又经朝廷考核，被录取为拣选知县。清代朝廷命官的正途，只有考上进士才能成为正式的朝廷官员，举人一般情况下是没有资格做官的。但是只要有了举人的资格，如果三次考不上进士，就可以由吏部通过考核授官，挑选的标准主要是看相貌。陈廷翰相貌好，又有举人的资格，几次考试没有考中进士，就被朝廷录取为拣选知县。他有了做知县这个资格，但没来得及补上实缺，仅三十四岁就去世了。

陈廷敬的七个兄弟中，两个早逝，留下了五个兄弟，这五个兄弟都有功名。因为他们的名字里面都有一个"廷"字，而且这五个人都做了官，所以说他们像芝草那样茂盛，像兰草那样芳香，后人就把他的五个兄弟称为"陈氏五廷"，分别是二弟陈廷继、四弟陈廷愫、五弟陈廷宸、六弟陈廷统、七弟陈廷弼。

陈氏兄弟这么多人做官，可谓是冠盖如云。"冠"指官员戴的帽子，"盖"指官员所乘车的车盖，用"冠盖如云"形容陈氏家族当时的盛况真是恰如其分。

雍正年间任文华殿大学士兼吏部尚书的阳城人田从典，与陈氏家族有通家之好，他在《峣山集》中曾说过："陈为高都甲族，簪缨累叶，至本朝而愈大。文贞公以词林起家，历官清要，入秉枋轴者垂十年。文章功业之盛，轶后超前，为我朝名宰辅。同怀诸弟，皆能奋起于功名，大至监司，小亦不下州县之宰。家门煊赫，事业彪炳。呜呼，可谓盛矣！"

○
○

百鹤来翔

陈廷敬在顺治十五年（1658）考中进士，被顺治皇帝钦点为翰林，进入庶常馆学习，并且每次考试皆名列榜首，常常受到皇帝的表扬。散馆之后，在翰林院编修书籍。由于他精通经史，文采优长，所以在仕途上逐渐步入佳境。康熙八年（1669），陈廷敬升任国子监司业。国子监是国家的最高学府，司业为国子监的副长官。康熙十年（1671），他升为侍讲学士，后转侍读学士。康熙十一年（1672），充日讲起居注官。日讲起居注官的职责是为皇帝讲解儒经，记录皇帝的日常活动。这时，他能够经常接近皇帝，成为皇帝身边的近臣。康熙十四年（1675），陈廷敬升詹事府詹事。詹事府詹事，正三品，是詹事府的最高长官，主要职责是掌管皇后、太子的家事。康熙十五年（1676），陈廷敬升内阁学士兼礼部侍郎，充经筵讲官。礼部侍郎是礼部的副长官。经筵是为帝王讲论经史而特设的御前讲席。经筵讲官是兼职，职责是为皇帝讲解儒经。康熙十六年（1677），陈廷敬转翰林院掌院学士。翰林院掌院学士是翰林院的最高长官。翰林院是国家的文人荟萃之地，翰林院掌院学士是文人学士的领袖，没有很高的学问和威望则不能担当此职。

康熙十七年（1678）三月，陈廷敬奉命入直南书房，这是陈廷敬宦途中的一次重要转折。南书房表面是康熙皇帝读书学习、研究经史的书房，实际是为进一步集中皇权而设置的机密中心。到南书房行走的大臣，不一定官位高，但既要学问好、文采好，德才兼备，又必须是皇帝信任的心腹大臣。到南书房行走的大臣都是兼职，他们有自己的专职，办完公事就到南书房值班。他们和皇帝讨论经史，和皇帝诗酒唱和，同时还要为皇帝出谋划策，帮助皇帝定夺机密大事，起草机密上谕。上谕就是圣旨。南书房大臣这个职务非常重要，能够左右朝廷大事。所以在当时人们的心目中，南书房大臣就相当于宰相。陈廷敬当时还只是一个正三品官，就成为南书房大臣，标志着他已经成为康熙皇帝决策集团的重要成员。

就在陈廷敬仕途得意、平步青云的时候，他母亲逝世的噩耗传到了京城。康熙十七年（1678）十月二十九，陈廷敬之母张氏夫人病逝，终年五十九岁。张氏出身于沁水县的世宦之家，名门闺秀，知书达礼，从小熟读"四书"、《资治通鉴》及《列女传》诸书，皆能通晓大义，并且善于治家，对待亲戚乡邻皆有礼法，对待下人宽严适中，对待长辈恭敬孝顺。她的婆母范氏年高寡居，生活起居都是张氏亲自照顾。张氏生于明万历四十八年（1620），比她的丈夫陈昌期小十二岁。

陈昌期一共有八个儿子，五个女儿，其中有两个儿子和一个女儿是副室程氏所生，其余的六个儿子、四个女儿都是张氏所生。张氏共生了十个子女。她生性勤劳，

陈母张氏夫人画像

每次分娩后三日即起，操持家务。陈昌期为人性格刚正严肃，即使是盛夏酷暑，也穿戴整齐，正襟端坐，张氏也是不苟言笑。夫妻二人平时相敬如宾，他们在一起所谈论话题，都是古代的忠孝义烈之事。

张氏从小熟读圣贤之书，崇尚儒学，绝不相信神仙鬼怪之事，所以她的家中，历来禁止僧道尼巫等人出入。平时家政稍有余暇，即取出书籍，凭几诵读，夜深方寝。张氏还非常注重对子女的教育。陈廷敬进京考试，考取翰林之后，进入庶常馆学习，不能回家。张氏就在此时到京城探望儿子。在京城住了一段时间，要返回老家，临行之时，她把陈廷敬未做官时所穿的旧衣服打点起来，准备带回老家去。因为陈廷敬做了官，穿了官服，用不着以前的旧衣服了。这时，她对陈廷敬说："识之！愿儿无忘布衣时也。"意思是说：记住吧！但愿你不要忘记当平民百姓的时候。这是教育陈廷敬，要保持做平民时艰苦朴素的本色。

康熙元年（1662），张氏病重，陈廷敬请假回家探病。张氏病愈之后，陈廷敬要辞家赴京，这时张氏对陈廷敬说："汝往哉！吾为汝娶妇嫁女，治装具，给资斧焉，慎毋爱官家一钱。"意思是说：你走吧！我为你的儿子娶媳妇，为你出嫁闺女，给你准备行装，供给路费，但你一定要谨慎，不要贪图国家的一文钱。教育陈廷敬要做清官，不要做贪官。

陈廷敬在京做官，他的父亲每有书信来，张氏都要在后面亲笔附上几句话，勉励陈廷敬勤谨奉职。她说："吾儿已致身，所宜忘家为国。吾两人犹壮盛，万勿以为念。"

（陈廷敬：《午亭文编》卷四十六）意思是说：我儿已经成为朝廷的人，应该忘记家庭，一心为国。我二人的身体很好，你千万不要挂念。这是教育陈廷敬忘家为国，一心奉公。

从这些事例可以看出，张氏对于婆母来说是一位不可多得的贤媳，对于丈夫来说是一位难能可贵的贤妻，对于儿子来说是一位名副其实的良母。陈廷敬居官清廉勤慎，和张氏对他的教诲是分不开的。

当陈廷敬母亲逝世的噩耗传到京师，陈廷敬痛不欲生，立即含泪上奏朝廷，要回籍奔丧。康熙皇帝接到奏章，派遣内阁学士屯泰、翰林院掌院学士喇沙里两位满族大臣，带着御赐的乳茶桐酒四器（瓶），到陈廷敬府中慰问，并传御旨，要陈廷敬节哀自爱。陈廷敬感激涕零，跪接了皇帝赏赐的乳茶桐酒，山呼万岁，叩拜天恩。这件事看起来很普通，实际上是康熙皇帝对陈廷敬的一个特殊恩典。在此之前，只有为清朝打江山打天下的开国功臣遇到丧事，才能享有这种恩典，而这类打江山打天下的大臣，都是满族和蒙古族人，汉族大臣从来没有人享受过这样的殊荣。可是到了陈廷敬这里，康熙皇帝特地为他开了先例。康熙皇帝在陈廷敬身上开了很多先例，这是其中之一。

然后，礼部要商议对陈母张氏的优恤。清代制度，对大臣妻子、母亲、祖母、曾祖母要根据大臣本人的官阶，进行封赠，活着的要加封，死去的要追赠。一品官封赠一品夫人，二品官封赠夫人，三品官封赠淑人，四品官封赠恭人，五品官封赠宜人，六品官封赠安人，七品官封赠孺人。一品官封赠三代，二、三品官封赠二代，四品至七品官封赠一代，以下只封本身。

陈廷敬在康熙十四年（1675）的时候，升任詹事府詹事，是三品官，他母亲张氏被封为淑人。按规定只有以学士品级所封，才能得到朝廷的祭葬。张氏是以陈廷敬任詹事时所封，不得祭葬。礼部按这个规定上奏，陈母不得优恤。这时，康熙皇帝又要为陈廷敬开先例。他说："廷敬侍从勤劳，其母准以学士品级赐恤。"（陈廷敬：《午亭文编》卷四十三）于是陈廷敬的母亲获得朝廷祭葬的待遇。张氏后来也被追赠为一品诰命夫人，那就是后话了。

陈廷敬回到家中，为她母亲在樊山之巅选好墓址。康熙十八年（1679）秋，就在陈廷敬母亲出殡的这一天午时，出现了一件十分奇异的事情。突然有白鹤数百只，自西而来，飞到墓地的上空，从容地盘旋飞翔，鸣叫之声十分动听，很久很久才离去。陈廷敬记下了当时的景象："有鹤来萃，翔于云际，自西而东，盘旋容裔，翯（hè）羽缤纷，若雪若云，鸣唳寥亮，如奏笙琴。"（陈廷敬：《百鹤阡记》）当时在场的人很多，看到这种现象都非常惊异，因为在山西、河南、河北这一带从来都没听说有鹤，这一天忽然飞来了鹤，而且又如此之多，能不让人感到惊异吗？

鹤素称仙鹤，是吉祥之鸟，陈廷敬不由得想起来一个典故。晋代有一位名臣叫陶侃，立过很多功劳，官至极品，他的母亲湛氏是一位有名的贤母。陶侃家穷，他开初在县里做一个小吏，监管鱼肉，他就取了一坛咸鱼派人送给母亲。陶母看了知道这是官物，于是就将这一坛咸鱼封好退还，并写信指责陶侃说："你身为县吏，盗用官物来孝敬我，这样做不但对我无益，反而让我对你的做法感到不安，增加了我的忧虑。"陶侃看了信，深受震动。后来他官做大了，时时记着母亲的教训，有奉送礼物者，都要问清礼物从何而来。如果来路正当，即使礼物微贱也很高兴，给对方的赏赐要超过所送原物的数倍；如果来路不正，是不义之物，他就要对送礼者严加训斥，退还原物。由此可见，一位母亲对儿子具有多么大的影响力。陶母是贤母，能教育儿子成为名臣。传说陶母死后，陶侃居于墓下守孝，有两位客人来吊唁，不哭而退，化为两只仙鹤，冲天而去。所以就留下了一个典故，人们自此把吊唁雅称为"鹤吊"。

陈廷敬想，陶母是贤母，死后有二鹤来吊，而自己的母亲死后有百鹤来翔，可见自己的母亲更贤于陶母。但是陶侃在母亲的培养下成为晋代的名臣，而自己却无所作为，与贤人君子相比望尘莫及，深以为自恨。所以他把母亲的墓地取名为百鹤阡，用来铭记自己内心的惭愧和纪念自己母亲的贤德，并赋诗曰：

临水登山秋气清，仙禽遥集若为情。
青田养就云初白，华表来时月正明。
北戍关河行处远，南条烟水接天平。
摩崖驻岭回翔地，百鹤新阡送美名。

（陈廷敬：《午亭文编》卷十二）

天恩世德

在陈廷敬母亲去世的康熙十七年（1678），陈氏家族正发展到最佳时期，兴旺发达，如日中天。陈廷敬的父亲陈昌期，拔贡出身。拔贡是秀才序列中级别最高的功名。考中秀才之后，每十二年，由提学使挑选成绩优异的秀才，到京中参加朝考，然后根据考试成绩授官。陈昌期被授予玉林卫教授，是掌管教育的官员，但他在家操持家政，没有去上任。这一年他已经七十一岁，是年逾古稀的老人了，他回顾平生，抚今追昔，感慨良多。

他想到自己的兄长陈昌言，曾考中进士，在朝中为官；侄儿陈元、儿子陈廷敬又双双得中翰林，况陈廷敬已深得康熙皇帝的器重和信任，充任经筵讲官、南书房大臣。经筵讲官是为皇帝讲解儒经的官员，南书房大臣则是参与皇帝机密大事的决策官员，这时的陈廷敬已经成为康熙皇帝身边的近臣，进入了康熙皇帝的决策中心。另外，陈昌期的几个儿子也都在外做官，大的做到四品道台，小的也是七品县令，簪缨满堂，这是何等的恩遇与荣耀啊！所以陈昌期感慨地说："呜呼，吾祖德修于己，报施于天！"（陈昌期：《槐云世荫记》）意思是说，这是我的历代祖宗修身养性，积累功德，上天才这样回报于后人。

陈廷敬深深懂得老父的心思，于是写下了"天恩世德"

四个大字，刻成石匾，镶嵌在中道庄城门之上。陈廷敬把陈氏家族的兴旺发达归结为两层意思，一是"天恩"，二是"世德"。天恩是皇恩，陈氏兄弟桂宫联捷，冠盖如云，都是皇帝的恩宠；世德是历代祖宗的功德，是祖宗积仁积义，才能庇佑陈氏家族兴旺发达，繁荣昌盛。

早在明崇祯十五年（1642）陈氏家族修建中道庄城堡的时候，陈廷敬的伯父陈昌言题写了"中道庄"三个大字的石匾，镶嵌在城门之上。这时陈廷敬所写的"天恩世德"石匾，就镶嵌在"中道庄"石匾的上方，他伯父所写的"中道庄"三个字反而落到下面。乍看起来，好像不合情理，伯父的字放在下面，侄儿的字放在上面，这是为什么呢？这是因为"天恩世德"四个字的内容所决定的。这里的"天"是代表皇帝，皇帝是至高无上的；同时这里的"世"代表祖宗，祖宗的地位仅次于皇帝。皇帝为大，祖宗为大，所以这块匾必须要放在"中道庄"匾的上方。又因为"中道庄"三字是陈廷敬的伯父所写，陈廷敬虽然官阶比他伯父的品级高，但他是小辈，他的名字怎么也不能放在长辈名字的上面。所以陈廷敬为了解决这个问题，采取了变通的办法，在落款时只写了时间——康熙十八年，没有写自己的名字。这样既突出了皇帝和祖宗的地位，又不影响对伯父的尊重。

"天恩世德"四个字是陈廷敬为陈氏家族定下的基调，它所反映的内容，成为陈氏家族一贯宣扬的主题。康熙三十六年（1697），陈廷敬的第二子陈豫朋、第三子陈壮履都已经考中进士，并且入选翰林。陈氏家族为了表彰他们光宗耀祖的成就，修建了冢宰总宪牌坊。冢宰总宪牌坊位于中道庄内，牌坊为三门，中门的题额为"冢宰总宪"。"冢宰总宪"，表示陈廷敬所任过的重要官职。冢宰，是吏部尚书的古称。当时陈廷敬还没有成为文渊阁大学士，最高官职是吏部尚书。

陈廷敬曾经做过吏部、户部、刑部、工部四部尚书，为什么偏偏只突出吏部尚书这个官职呢？因为朝廷六部的排列顺序是吏、户、礼、兵、刑、工，各部又分别与天、地、春、夏、秋、冬相配，再加上各部尚书的古称，这样六部尚书依次就是吏部天官大冢宰、户部地官大司徒、礼部春官大宗伯、兵部夏官大司马、刑部秋官大司寇、工部冬官大司空。吏部为六部之首，与天相配，吏部尚书被称为吏部天官，又称为大冢宰，比其他各部的位置都重要。

陈廷敬还做过左都御史，左都御史是都察院的最高长官。总宪是左都御史的古称。因为都察院在汉代称为御史府，东汉时又改为宪台，所以明清时期称都察院左都御史为总宪。左都御史官位不及六部尚书，品级也比六部尚书低，尚书是一品，左都御史是二品。但左都御史总理法纪，纠察百官，性质不同，地位显要。所以在牌坊上特地用"冢宰"和"总宪"这两个词来标举陈廷敬所做过的吏部尚书和左都御史这两个官职的重要。

牌坊左右两门的题额分别为"一门衍泽""五世承恩"。"衍"本来是形容水广布长流，这里引申为扩展延伸。

冢宰总宪牌坊

"泽"，是指祖先的德泽。意思是说陈氏祖先的德泽仍然在扩展和延伸，使他的后代仍然能享受到祖先的德泽。"承恩"是指蒙受皇恩。意思是说，陈氏上下五代都蒙受着浩荡的皇恩。从陈廷敬算起，他的曾祖、祖父、父亲和他本身以及他的儿子，这样总共五代。

封建时代，朝廷为了表示对大臣的恩惠，要对大臣的上三代进行封赠，也就是将大臣本人的官阶授予其曾祖父、祖父、父亲。对上三代活着的人授官称封，对死去的人授官称赠。清朝规定，一、二品官封赠三代，三品以下封赠二代，六品以下封赠一代。陈廷敬是正一品官，当然要封赠上三代，所以他的曾祖父陈三乐、祖父陈经济、父亲陈昌期都得到了朝廷的封赠。陈廷敬的曾祖和祖父在他出生之前都已去世，只能赠官，而他的父亲陈昌期活了八十五岁，所以他在生前享受了皇帝的诰封。陈廷敬的曾祖陈三乐，诰赠正一品光禄大夫、经筵讲官、刑部尚书。光禄大夫是散阶，标志官阶品级的高低。文官总共有四十二个阶别，正一品级的光禄大夫是文官中最高的官阶。他的祖父陈经济，诰赠正一品光禄大夫、经筵讲官、吏刑二部尚书、都察院掌院事左都御史。他的父亲陈昌期，诰封正一品光禄大夫、经筵讲官、吏刑二部尚书、都察院掌院事左都御史。

陈廷敬的上三代都是因为陈廷敬做了官而享受到相应的封赠。陈廷敬这一代和他的后代们就不一样了，要靠自己的努力奋斗考取功名，获得官阶。陈廷敬正是经过自己的勤勉努力，得到了正一品光禄大夫、经筵讲官、吏户刑工四部尚书、都察院掌院事左都御史诸职。陈廷敬的兄弟辈和陈廷敬的三个儿子，也都有功名。

在这座牌坊上，总共记载了陈氏五代的封赠、功名和官职情况，所以说是"五世承恩"。和前面的"天恩世德"联系起来，这里的"五世承恩"说的是"天恩"，"一门衍泽"说的是"世德"。这座牌坊所宣扬的主题，仍然是"天恩世德"四个字的意思，只是把这四个字的内容进一步具体化了。

后来到清雍正五年（1727）的时候，陈廷敬的孙子陈师俭考中翰林，这时陈氏一共出了九个进士、六个翰林。当朝宰相文华殿大学士阳城人田从典，为陈氏家族题写了一副楹联："德积一门九进士，恩荣三世六词林。""恩荣三世六词林"说的是"天恩"，"德积一门九进士"说的是

"世德"，仍然紧扣"天恩世德"这个主题。

○
○

义行善举

陈氏家族已成为方圆百里的富户巨族，但陈氏并不是那种为富不仁的财主，历代祖先做了很多积德行善的事情。

陈廷敬的曾祖父陈三乐就是一位远近闻名的大善人，每遇到灾荒年，他自己常常节食减用，尽力接济饥民。他家门前有一棵大槐树，他经常坐在大槐树下，备下茶饭招待过路的行人。这一棵大槐树，就像是他家接待客人的客厅，人们遇到为难的事情，到这里来找他，他就会立即想法帮助解决，一定要让对方满意为止。即使是偶然有困难，一时不便，他也要想尽办法满足对方所求，不让对方不欢而去。

史书记载：有一年腊月，陈三乐偶感风寒，发冷发热，卧病在床。夜间，突然有一个人遇到急事，需要花钱，来向陈三乐告急。陈三乐正要起床给那人拿钱，他母亲阻止说："风太大，你正发烧，明早再给吧。"于是他又睡下了。但他在睡下之后，辗转反侧，不能入眠。他就委婉地对母亲说："人家遇到急事来求我，必然心急如焚，度刻如年；我没有帮他解决问题，也正在为此事焦心，难以入睡。这样双方都不安宁，是为两不安，不如早帮他解决了，双方就都安心了。"他母亲听后觉得有道理，便同意了。于是他急忙起床，取出钱，赠给那位告急的人，笑着说："这样，我就可以安睡了。"陈三乐像这样救人急难的事情多得举不胜举。

陈三乐死后，老百姓都说："天不留公，吾侪如失慈父母！"后来陈廷敬的父亲陈昌期专门写了一篇文章《槐云世荫记》，歌颂陈三乐乐善好施的美德，并且表示要把这种风尚继承下来，世代相传。

陈廷敬的祖父陈经济，也是一位乐善好施的人。在清代文人的一本笔记中记载了这样一则故事：说是有一次，陈廷敬的祖父陈经济得了一笔银子，很高兴。他睡在农村旧式的土炕上，就把这笔银子放在土炕边上的小洞里，高兴时就顺手在炕洞里把银子拿出来，看一看，摸一摸。有一个陈家远房后生，游手好闲，惯于偷窃，他发现陈经济把银子放在土炕的炕洞里，于是就时刻寻找机会下手。一天夜晚，陈经济已经睡下了，他的夫人范氏尚未睡下，去外面上厕所，出去时虚掩着房门，并且吹灭了灯。陈家是富户，但在这些小事上，都能看出他们平常节俭的习惯。就在这时，这个后生乘机悄悄摸了进来，到陈经济的炕洞里掏银子。可是，陈经济并没有睡着，这后生一进门，陈经济就发现了，但他不动声色。等这后生掏出来银子，陈经济便一把抓住了他的手，点着灯一看，原来不是别人，正是那个本族后生。他很生气，说："你怎么这么不争气，干这种丢人现眼的事呢？"然后，他放开手说："拿去吧，把这银子作为本钱，谋点正经事，以后再不准干这种败坏门风的事了。"这个后生千恩万谢，拿着银子走了。回去之后，果然改邪归正，干起了正当营生。

到了陈廷敬父亲陈昌期时，他治家谨严，勤俭节用，和他的先辈一样，常以钱粮周济族人和乡亲。每逢饥年，必拿出家里的钱粮解救灾荒，乡人皆感其恩德。

陈昌期积德行善的名声很大，传得很远。当时朝里有一位大臣叫魏象枢（1617—1687），字环溪，号庸斋，山西蔚（yù）州人（蔚州当时属山西省，后划入河北省，即今河北蔚县），清世祖顺治三年（1646）中进士，累官至刑部尚书。魏象枢是清康熙年间著名的理学家，比陈廷敬大二十一岁，与陈廷敬既是山西同乡，又是意气相投的好友。魏象枢得知陈廷敬的父亲陈昌期的义行善举后，就写了一首五律来歌颂，该诗收入魏象枢《寒松堂全集》，诗曰：

古道何能遘？高风尚在今。
痌瘝原素念，桑梓况关心。
尽饱仁人粟，争传义士吟。
贞珉书不朽，遍满太行阴。

"古道何能遘"："古道"是指古代的道德风尚。"遘（gòu）"，是遇到的意思。"高风尚在今"："高风"指高尚的风义。这两句话互文见义，意思是说，古代的高尚道德如何能够遇到呢？高尚的风义就在今天出现了。

"痌瘝原素念"："痌（tōng）瘝（guān）"，指病痛、疾苦。"素念"，是指平素的心思、想法。"桑梓况关心"："桑梓"，指乡亲父老。"况"，是副词，当"正"字讲。这两句意思是说，乡亲的病痛是他平素的心念，乡亲的愁苦正是他最为关切的事情。

"尽饱仁人粟"："仁人"，指有德行的人。"粟"，是谷子，也是粮食的通称。争传义士吟："义士"，指恪守大义的人。"吟"，是指诗歌、歌谣。这两句意思是说，贫苦百姓都吃饱了仁者的粮食，争相传诵着感激义士的歌谣。

"贞珉书不朽"："贞珉"，是指石刻碑铭。"不朽"是不磨灭、永存的意思。"遍满太行阴"："阴"本来是指山的北面，山南为阳，山北为阴，这里是代指整个太行山，是以偏代全的用法。这两句意思是说，这些感人的事迹要刻在碑石上让它永不磨灭，并且在太行山上到处流传。

魏象枢的这首诗写于清康熙十五年（1676），是陈昌期赈济饥民的真实记录。清康熙二十七年（1688），陈昌期将祖上几代人储积的粮食数十万石全部发放给乡人，因此而保全生命的饥民不可胜计。与此同时，他又把乡人历年向他家借钱的债券全部当众烧毁，共计钱数十万缗。

乡里的百姓得到好处，心怀感激，大家就联合起来，共同请求官府，希望地方官员逐级上报，奏请朝廷，对陈昌期的义行善举进行旌表。陈昌期知道了，他想，自己行善的目的是为什么，难道是为了获得朝廷表彰吗？他的义行善举如果只是为了获得朝廷表彰，那就是沽名钓誉，就失去了积德行善的本来意义。所以他得知乡亲们要奏报朝廷，就赶紧出来制止说："何可乃尔？"意思是说，怎么可以这么办呢？可是大家不听，众意不可挽回，坚持要请求官府上报朝廷，并且山西巡抚已经准备把请求旌表的公文上达礼部。

陈昌期见制止不了，就派人骑快马用七昼夜的时间飞速驰往京师，命陈廷敬迅速出面阻止此事。当时陈廷敬已经是吏部尚书，他接到父亲的书信，按照父亲的意思立即具牒于礼部，要求礼部按下山西巡抚的公文，不要将此事上奏朝廷。礼部尚书感到陈昌期是出于一片诚心，说："成长者志。"意思是说：既然老人家坚持要这样，那就成全老人家的心愿吧！于是停止向朝廷上奏。

这件事虽然没有上奏朝廷，却在京城不胫而走，到处传颂。京官中能写诗文者，上至王公大臣，下至翰林学士，纷纷吟诗作文歌咏此事，以为这样可以劝化风俗，激励世人。这些诗文后来集为一书，名曰《惠民录》。乡人为歌颂这件事，在交通大道上立碑纪念，接连数十里，达三十多处。在今晋城市城区晓庄附近还有一块歌颂此事的碑，至今尚保存完好。

陈昌期积仁累义，乐善不倦。到了清康熙三十一年（1692）七月十二，这一天是陈昌期的诞辰，他已经是八十五岁的高龄，风烛残年。他又拿出家中所有的钱，换米数百石，周济乡人。自康熙二十七年（1688）陈昌期赈济乡人之后，陈廷敬弟兄几人的家中已经很贫困，但陈昌期并不放在心上，此时又尽其所有周济乡人。试问天下有倾其家财以济人者吗？没有。都是以富余的钱粮接济别人。而陈昌期却是倾其所有，这实在是古今难能之举。

乡里士民心里感激，要为他建生祠，来纪念他的恩德，陈昌期不许。在陈昌期最后一次周济乡人十三天之后，即清康熙三十一年（1692）的七月二十五，这位德高望重的老人去世了。他逝世之后，陈廷敬与诸兄弟商量，为了纪念陈昌期乐善好施的义举，决定为他建立祠堂。这一年十月，陈廷敬兄弟在陈氏所居东山之麓修建了惠民祠，对父亲一生的义行善举予以永久的纪念。

陈昌期，明万历三十六年（1608）七月十二生，清康熙三十一年（1692）七月二十五卒，终年八十五岁。陈昌期是顺治十一年甲午科（1654）拔贡生，以子廷敬贵，诰封正一品光禄大夫、经筵讲官、吏刑二部尚书、左都御史。陈昌期的封阶高贵至极，无比尊荣，而他善处乡邻，善待百姓，其高风亮节、义行善举，有口皆碑，古今罕俦。

第三章

辅弼良臣

文坛泰斗

陈廷敬自幼善作诗文，九岁时就写了著名的牡丹诗。考中进士，进入翰林院，那是一个文人荟萃的地方。当时京官中有一位文学家龚鼎孳，字孝升，号芝麓，安徽合肥人，累官至礼部尚书，工诗词古文，与大文学家钱谦益、吴伟业并称为"江左三大家"。龚鼎孳风雅好友，所以京城中的文人学士多集其门，作诗文之会。

在这些文人学士中有两个人最著名：一个是汪琬、一个是王士禛。汪琬字苕文，号钝庵，江苏长洲（古县名，在今苏州市西南）人，顺治十二年（1655）进士，比陈廷敬大十五岁，先后任户部主事、刑部郎中。王士禛，字子真，一字贻上，号阮亭，山东新城人，与陈廷敬是同榜进士，比陈廷敬大五岁。陈廷敬在殿试时被皇帝选中翰林，而王士禛落选，被分配到扬州做推官，后又调回京城，在礼部当主事。

王士禛和汪琬都比陈廷敬的年龄大，进入文坛比较早，已经有一定的名气。汪琬以文著名，王士禛以诗著名。特别是汪琬，行辈较先，文名早著，俨然是古文领袖。他喜欢挑别人文章中的毛病，对别人的文章很少赞许。陈廷敬刚过二十岁，是这些人中最年轻的一位。

龚鼎孳举行诗会，他们都去参加，当汪琬初看到陈廷敬的诗，便大吃一惊，没想到一个年轻后生，诗写得如此清丽工整，当时就和王士禛说："此公异人也。"王士禛虽然与陈廷敬是同榜进士，但他年长，又有诗名，原来并不真正看得起陈廷敬，听了汪琬的称赞，读了陈廷敬的诗，不得不佩服，不得不赞叹。当汪琬看了陈廷敬的古文，顿感出手不凡，啧啧称赞，就又和大家说："我固以为异人也。"（《翰林编修汪钝翁墓志铭》）意思是说：我本来就认为陈廷敬是不同寻常的人嘛！

陈廷敬的诗写得好，但与王士禛的诗风并不一样。王士禛提倡神韵说，要求写诗必须境界清远，语言含蓄，追求"不着一字，尽得风流"，其诗多写个人情怀和日常琐事，缺乏社会内容和真情实感。这是因为王士禛出身前明官宦之家，心中常有故国之思，怀念明朝，后来因为他做了清朝的官，不愿意再流露怀念故国的感情，所以写诗追求现实之外的美感。他的这种思想迎合了当时一大部分具有同样思想的知识分子，在当时的诗人中形成了共鸣，他的诗也因此获得较大的声望。而陈廷敬则不同，他主张学杜，继承了杜甫以来的现实主义诗歌传统，主张反映社会现实，注重反映国家大事，所以他的诗歌唱出了时代的强音。无形之中陈廷敬成了王士禛在诗坛上的劲敌，但是陈廷敬自始至终一直把王士禛作为自己最要好的朋友。

康熙十七年（1678）正月，康熙皇帝问陈廷敬，在朝廷官员中，谁写的诗最好？陈廷敬就推荐了王士禛。正月二十二，康熙皇帝传旨，命陈廷敬领着王士禛到懋勤殿觐见，各自带着近期的诗作进呈皇帝御览。二人觐见之后，康熙皇帝开始翻看他们进呈的诗作。当皇帝看到陈廷敬的《赐石榴子恭纪》诗的时候，不禁念出声来。这首诗是这样写的：

> 仙禁云深簇仗低，午朝帘下报班齐。
> 侍臣蚤列名王右，使者曾过大夏西。
> 安石种栽红豆蔻，火珠光逬赤玻璃。
> 风霜历后含苞实，只有丹心老不迷。

（陈廷敬：《午亭文编》卷十）

　　这是陈廷敬在康熙十二年（1673）写的一首诗。当时外藩的郡王到北京来进贡，谒见皇帝，康熙皇帝设宴招待。陈廷敬当时是起居注官，任务是记载皇帝一天的活动，要在场陪侍皇帝。康熙皇帝就把宴席上的石榴子赐给陈廷敬，陈廷敬就写下了这首诗。大意是说：在仙境一样的深宫中，香烟缭绕，仪仗森严；午时上朝，宫门的珠帘下群臣站班整齐。侍奉皇帝的内臣早已排列在威仪显赫的藩王旁边；朝廷派遣的使者曾经远到过大夏之西。石榴花鲜妍美丽如同红色的豆蔻，石榴子光彩四射如同赤色的玻璃。经过深秋风吹霜打的石榴包果盈实，只有那石榴子像赤诚的丹心永不迷离。

　　康熙皇帝朗读了这首诗，至最后两句"风霜历后含苞实，只有丹心老不迷"时，反复诵读多次，"玉音琅然"，清脆有声，然后对陈廷敬的诗大加称赞。

天色晚了，康熙皇帝要用晚膳，命陈廷敬领着王士禛到南书房，皇帝在南书房赐膳。等陈廷敬和王士禛用过膳之后，康熙皇帝命内侍送来两道诗题，一题是《召见懋勤殿》，一题是《赐膳》。让陈廷敬和王士禛二人分别赋两首诗，实际上是要对王士禛考试，让陈廷敬陪考。因为在康熙皇帝的心目中，陈廷敬的诗写得最好，他出了同样的题，看王士禛的诗写得比陈廷敬究竟怎样，并且命南书房大臣张英监考。

陈廷敬才思敏捷，很快写好了两首诗。《召见懋勤殿》是一首七律，《赐膳》是一首七绝。而王士禛本来诗思就不敏捷，又是一个部曹小官，初次见到皇帝，非常紧张，抓耳挠腮，半天竟写不出一个字来。监考官张英心地诚厚，看见王士禛难以成稿，暗自为他着急，就自己代写了两首，撮成一个小纸团，悄悄放在王士禛的案头，王士禛才得以完卷。一会儿卷纸交上来了，康熙帝看了王士禛的诗之后，笑着对张英说："人言王某之诗丰神妙悟，何以整洁殊似卿笔？"意思是说，听说王士禛的诗写得丰润有神，构思精妙，为什么这诗整齐洁净，看来特别像是你的手笔啊？张英连忙说："王某诗人之笔，定当胜臣许多。"才勉强搪塞过去。这次考试的内情，陈廷敬并无记载，只记下了他自己写的两首诗，这是陈廷敬厚道，不愿道人之短。清代礼亲王昭梿在《啸亭杂录》一书中记载了这件事的详细情节。

王士禛系部曹小臣，能够得见天颜，是很荣幸的事，他高兴地把呈给康熙皇帝看过的诗出了一个集子，命名曰《御览集》。

因为陈廷敬的极力推荐，康熙皇帝授予王士禛翰林学士。翰林本来是通过殿试才能获得，但康熙皇帝破格任命了王士禛。王士禛也因此被提升为侍讲学士、侍读学士，进而成为南书房大臣，后来官至刑部尚书。他能够步入高位，进入九卿之列，全凭陈廷敬的鼎力举荐。

再说汪琬。汪琬论文要求明于辞义，合乎经旨，提倡唐宋古文。其文简洁严谨，善于叙事，堪称一代文宗。他在顺治十二年（1655）中进士之后，授户部主事，又升刑部郎中，因失误降为兵马司指挥。一代大文豪，做一个风尘小吏，辛苦不堪。但他不以官小位卑，多善政，离任时前来送别的老百姓拥满了街巷。后来他托病，隐居于太湖旁边的尧峰，读书著述九年。康熙皇帝曾问陈廷敬："今世谁能为古文？"陈廷敬就推荐了汪琬。

康熙十七年（1678）正月，康熙皇帝下诏开博学鸿词科。博学鸿词科是科举考试之外的特别考试，目的主要是笼络明代遗民中不与清朝合作的知识分子，同时也为了进一步招揽没有得到重用的饱学之士。汪琬本来考中了进士，又以古文著名，但未受重用，只好隐居山林，于是陈廷敬又一次举荐了汪琬。

康熙十八年（1679），汪琬到京城参加了博学鸿词科考试，被评为一等，授翰林编修，参与编修《明史》。汪琬在史馆中仅六十天，写成列传一百七十五篇，何其神速，不愧是文章高手。本来陈廷敬是《明史》总裁官，但陈廷敬因母亲去世，于康熙十八年（1679）正月回籍守孝，明史馆由叶方蔼任总裁。叶方蔼是顺治十六年（1659）的探花，翰林院编修，官至刑部侍郎。叶方蔼妒忌汪琬才高，所以汪琬备受叶方蔼排挤。汪琬无法在明史馆立足，就给陈廷敬写了一封信，然后辞官回籍了。陈廷敬曾写信劝汪琬不要轻易辞官，但无奈他远在故乡，鞭长莫及。

后人评价说：王士禛、汪琬"一为诗伯，一为文宗，而吹嘘上送，名达天衢，实由先生（指陈廷敬）一言推毂，诚得以人事君之道矣"（张维屏：《国朝诗人征略》）。意思是说，王士禛、汪琬二人，一个是诗坛领袖，一个是文章宗师。为他们传播名声，使他们的名字上达天听，都是陈廷敬一句话起了作用，这才真正是人臣侍奉君主的道理，肯定了陈廷敬为国家举荐人才的功劳和美德。

陈廷敬是清代康熙年间的文学大家，在诗文创作上取得了很高的成就，前人早已有定论。纪晓岚等四库馆臣在《四库全书总目提要》中对陈廷敬评价说："文章宿老，人望所归，燕许大手，海内无异词焉。"唐玄宗时名臣燕国公张说、许国公苏颋，两人皆以文章显世，时号"燕许大手笔"。这里说，陈廷敬是文坛的老前辈，享有很高的声望，一致称他是燕许大手笔，海内文人皆无异议。至于陈廷敬的诗文，与王士禛、汪琬相比较，纪晓岚等四库馆臣说：陈廷敬与王士禛、汪琬"蹊径虽殊而分途并骛，实能各自成家。其不肯步趋二人者，乃所以能方驾二人欤！"（《四库全书总目提要》）意思是说，陈廷敬与王士禛、汪琬在文学上所走的道路不同，却能并驾齐驱，可以各自成家。他不肯跟在这二人后面亦步亦趋，是他完全有能力与此二人比肩并驾。

王士禛也说："自昔称诗者，尚雄浑则鲜风调，擅神韵则乏豪健。二者交讥。唯今太宰说岩先生之诗，能去其二短，而兼其两长。"（王士禛：《带经堂集》卷九十二）意思是说，自古以来的诗人，提倡雄健浑厚的风格，则鲜少品格情调；擅长神采韵致的笔法，则缺乏豪迈劲健。这二者历来互相讥讽。只有吏部尚书说岩（陈廷敬的号）先生的诗，能够去二者之短，而同时兼有二者之长。这说明王士禛本人对陈廷敬的诗也是心悦诚服的。王士禛见到陈廷敬的自书诗卷，跋曰："盖渐老渐熟之候，而书法圆美苍劲，姿态横生，适与其诗相称，真两绝也。"（王士禛：《带经堂集》卷九十二）对陈廷敬的书法也十分推崇。

清嘉庆、道光年间的大文学家李祖陶在《国朝文录》中说："阮亭诗胜而文未为大家，尧峰文雄而诗尚觉小样。"意思是说，王士禛以诗歌取胜，但文章却没有成为大家；汪琬文章雄健，但诗歌却显得小家子气。李祖陶接着把陈廷敬与王、汪二位比较，说："今观其诗，才调之胜固逊阮亭，而气格之高，则阮亭实出其下；文唯碑志法度未及尧峰之严谨，若他文之磊砢（luǒ）雄奇、磅礴遒厚、郁而能畅、幽而愈光，则往往压尧峰而居其上。"（李祖陶：《午亭文录引》）

认为陈廷敬的诗，才气不及王士禛，但气韵和格调之高，王士禛实在其下；陈廷敬的文章只有碑志不如汪琬法度严谨，但其他文章雄奇厚重、明白晓畅，远在汪琬之上。

近代著名学者邓之诚说："廷敬与王士禛、汪琬为友，而诗文各不相袭。诗名不及士禛，而功力深厚似过之。文摹欧曾，一变其乡傅山、毕振姬西北之习，同时达官无能及之者。"（邓之诚：《清诗纪事初编》卷六）清诗研究专家袁行云先生指出，《四库全书》将陈廷敬与王士禛、汪琬、朱彝尊、陈维崧、宋荦（luò）置于同等，"是以大家相许也"（袁行云：《清人诗集叙录》卷十一）。都肯定了陈廷敬的文学成就。

陈廷敬的诗文作品特色鲜明，独树一帜，是清代文学史上与王士禛、汪琬鼎足而三的文坛泰斗。

○
○

夺席谈经

自从汉代董仲舒提出"罢黜百家，独尊儒术"之后，儒学思想占了正统地位，儒经成了读书人的必修课程。在《后汉书》中记载了这样一件事。大年初一，百官上朝，向皇帝礼贺。朝贺之后，皇帝下旨，让群臣就儒经中的问题互相辩驳，在辩论中谁说的经义不通，就夺去他坐的席位，赠给精通的人。当时有一位官员名叫戴凭，精通儒经，一下就夺得了五十多个席位，声名传遍了京城内外。于是就有了"夺席"这个典故，后来就用"夺席"来形容在经学上特别有成就的人。

陈廷敬从小就由他的母亲张氏夫人口授儒学经典，到七岁时已于书无所不读，过目不忘。不论是读解经书，还是写诗作文，样样出手不凡。家里专门为他请了塾师，塾师看了他的情况，很惊讶，说："子天下才也，吾不足师。"（缪继让：《樊川先生小传》）自认为水平低，不能充当陈廷敬的老师，只好辞馆而去。

陈廷敬十四岁时到潞州去应童子试，学使是山东莱芜的张四教。张四教看见陈廷敬年龄小，个子矮，很可爱，就把他留在自己坐的书案边，让他在堂上考试，考试的题目是写两篇文章。科举考试所要考的是八股文，和普通的文章不一样，是论述儒学经书中圣贤思想的论文，考八股文实际就是考经义，考对于儒学经典的理解程度。陈廷敬很快写成了考试要求的两篇文章，张四教看了，又给他出了三道题目，让他再写三篇文章。并且说："能尽为之，吾且置子第一。"到了中午，陈廷敬的五篇文章皆已写就。张四教大喜，叹奇才，置第一。然后说："子文虽老宿不及，可遂应省试。"（缪继让：《樊川先生小传》）意思是说：你写的文章，即使是老秀才也达不到这种程度，可以去参加乡试。

陈廷敬去参加乡试的时候，有一位监考御史名叫刘达，看到陈廷敬年龄小，文章写得不凡，就在陈廷敬交卷的时候把他叫住了，让他坐下，出题考他对于经书的理解。陈廷敬章分句达，有条不紊，侃侃而谈。刘达大惊，曰："子，佗日人师也。科第何足尽子！"意思是说：你将来一定是人师啊，中举人、中进士不足以发挥你的才华。刘达说对了，中举人、中进士，确实不足以发挥陈廷敬的才华，陈廷敬是人师。但是刘达并没有想到，陈廷敬不仅是人师，而且是一代帝王师。陈廷敬出场的时候，由于试院的门槛高，陈廷敬年龄小，跨越门槛很费劲。刘达就命人把他抱出门槛，三场考试都是这样。

第二年，张四教又来泽州考校秀才，又把陈廷敬留在堂上考试。陈廷敬的文章还没有写完，张四教就拿过来看，看后说："子文益奇进。"顺治十四年（1657），陈廷敬参加省试，考官是会稽人唐赓尧，唐赓尧得读陈廷敬之文，叹曰："此正学也。"（缪继让：《樊川先生小传》）所谓正学，就是符合儒家正统思想的文章。

清廷进入中原之后，顺治皇帝仿效历代帝王先例，专开经筵。经筵，是古代帝王为研读经史而特设的御前讲席，命学问渊博的儒臣为皇帝讲解儒家经典。康熙皇帝自执掌朝政之后不久，即下诏重开经筵。康熙十一年（1672），陈廷敬即被任命为日讲起居注官。康熙十五年（1676），陈廷敬又被任命为经筵讲官，其主要职责就是给皇帝讲授经书。

康熙皇帝为了从儒家经典中吸取营养，获得治国的理论和谋略，对于经筵日讲极为重视。在他开设经筵到去世的半个世纪里，除因巡行、出征等偶然情况，从未停止过。陈廷敬既是经筵讲官，又是南书房大臣，每天陪伴康熙皇帝，为康熙皇帝讲解经书，与康熙皇帝探求学问。其间，他"侍从勤劳"，精益求精，在进讲奏对之时，引经据典，敢于直言，反映出他渊博的学识和正直的人品。康熙十六年（1677）三月，康熙皇帝在陈廷敬等讲毕后谕曰："览尔所进讲章甚为精详，实于学问政事大有裨益。"意思是说：看到你所呈进的讲稿非常精详，不论对于学问，还是对于处理政务，都有很大的好处。在进讲时，康熙帝有时还要根据当时政事情况，有针对性地提出一些问题，这就使讲筵诸臣获得了阐发自己政治见解的机会，所以陈廷敬说："每当玉音下询，获申奏对，因而讲义之外，薄有敷陈。"（陈廷敬：《午亭文编》卷二十九）陈廷敬讲筵奏对主要是向皇帝传授治道，也就是儒家的帝王之学，做皇帝的学问，这对年轻的康熙皇帝来说至关重要。陈廷敬对皇帝的言行提出了要求，他告诫康熙帝，为帝王者必须居敬行简，凡事慎之又慎。他说："帝王以天下为家，一言之微，有前后左右之窃听；一行之细，为子孙臣庶之隐忧。是以圣帝明王必慎乎此。"（陈廷敬：《讲筵奏对录》）意思是说：帝王要把天下作为自己的家。一言一行虽然微不足道，但是有前后左右的人在听着，有子孙臣民在看着，所以圣帝明王对自己的言行必须十分谨慎。要求康熙皇帝严于律己，慎言慎行。

陈廷敬还说，帝王应该有"天覆地载之量，无一毫计功谋利之私"。人主"以至诚恻怛之心，为爱养斯民之政，初不计民之为我用也"。"所以得民心之道，唯在圣君贤臣朝夕讲求以实心行实政。""谏行言听，膏泽下民。"（陈廷敬：《午亭文编》卷二十九）意思是说，作为帝王，应该具有宏大的器量，像天一样，能够无所不覆盖；像地一样，能够无所不承载。要有为天下民众谋利的公心，无一毫为自己计功谋利的私心。要有真诚的同情怜悯之心，实行爱养百姓的政治，一开始就不去计较百姓是不是为自己所用。能够得到民心的方法，只有君臣从早到晚以真心实意去探讨、实行讲求实际的政治。听从实行谏言，滋润下层的百姓。陈廷敬借助进讲经书，向康熙皇帝灌输儒家的根本思想，对康熙皇帝逐渐成长为一位仁君起到了一定的作用。

康熙帝对陈廷敬等理学名臣所传授的帝王之学赞赏不已，常常有感于心。康熙十七年（1678）九月初五，陈廷敬进讲《尚书》"启乃心，沃朕心"一节，康熙皇帝说："为上者实心听纳，以收明目达聪之益；为臣者实心献替，以尽责难陈善之忠。然后主德进于光大，化理跻于隆平。"意思是说，作为君主，实心听从采纳大臣的意见，就能够收到耳目聪明、闻见博广、了解民情的效益；作为大臣，应该实心进献正确意见，更正君主错误，以尽督责君主、陈说善道的忠心。这样，君主的德行可以进一步光大，国家的教化和治理就可以达到昌盛太平。

康熙二十一年（1682），三藩之乱平定不久，陈廷敬及时提醒康熙帝，要充分利用现在人心振奋、上下一心的机会，为清朝的世代基业制定长远战略。康熙中期，清廷政治关系十分复杂，宰相明珠专权，君臣权力分配出现矛盾，在朝诸臣彼此之间钩心斗角，陈廷敬便旗帜鲜明地维护皇帝的权威。陈廷敬针对清廷内部权力纷争，利用讲筵奏对之机，提醒康熙帝注意小人问题，他说："从来上之德意不能下究，民之疾苦不能上闻者，皆小人为之壅蔽于其间也。故贵解而去之。"（陈廷敬：《讲筵奏对录》）意思是说：自古以来，皇上的政策不能下达，百姓的疾苦不能上传，都是因为有小人在中间作怪。所以重要的是除去小人。

他又说："小人所以贪位固宠者，无所不至。又能形人之短，见己之长，能使人主信任而不疑，故得专权而肆其恶。"（陈廷敬：《讲筵奏对录》）意思是说：小人为了巩固自己的地位，什么办法都能想出来，什么事情都能做出来。又善于用别人的短处来衬托自己的长处，能使皇帝对其信任不疑，所以能够专权，而为所欲为，随意做坏事。又说："小人谗害君子，不在大庭广众之际，而在于筵闲私语之时。使人主听受其言而不觉，故圣人比之为莫夜之戎。唯圣明之主严约其端，则可以无此患也。"（陈廷敬：《讲筵奏对录》）意思是说：小人说坏话来陷害君子，不是在大庭广众之间，而是私下闲谈之时，使皇帝听从了他的话，却毫无知觉，所以圣人把小人比作夜间突然偷袭的军队。只有圣明的君主严加约束，才能避免其祸。

陈廷敬关于君子小人的论述，引起了康熙帝的高度重视，他对陈廷敬说："从来君子得志，犹能容小人；小人得志，必不肯容君子。"（陈廷敬：《讲筵奏对录》）陈廷敬在讲筵上对康熙帝谈君子小人问题，是指当时权焰最炽的大学士明珠及其党羽。明珠之专擅营私，日渐猖獗，而这时徐乾学、高士奇等人和明珠之间的矛盾逐渐暴露出来，陈廷敬故借讲学之机表明自己的立场，并建议康熙帝当机立断，剪除权臣势力。

康熙二十七年（1688），康熙皇帝暗示，要剪除权臣明珠的势力。徐乾学起草奏疏，以御史郭琇（xiù）的名义弹劾明珠，从而导致明珠权力的终结。而陈廷敬在政治斗争中，推崇君权，反对臣僚专擅营私的态度，反映了他正直敢言的本色和对皇帝的忠诚。

陈廷敬进讲时，有关治国之道的帝王之学，对康熙皇帝的思想及施政产生了重大影响。概而言之，一是对其行为起了一定的制约作用，二是为其巩固统治提供了丰富的历史经验，三是为其制定政策提供了理论依据。所有这些，对于将康熙皇帝造就成为一个成熟的政治家，对于清朝统治的巩固和康乾盛世的到来都发挥了重要的作用。

陈廷敬后来升任文渊阁大学士，成为宰相。根据惯例，大臣一旦升任宰相，就不再担任经筵讲官。但是陈廷敬不一样，康熙皇帝特别喜欢陈廷敬的讲解，所以破例让他继续兼任经筵讲官，这是异数，是特殊的恩遇。所以史书记载："故事，大臣入内阁，不复侍经筵。兼之者，桐城、泽州二相也。"（雍正《山西通志·陈廷敬传》）意思是说，大臣入阁拜相之后，仍然兼任经筵讲官的，只有两个人，就是桐城、泽州二位宰相。桐城，是指安徽桐城人张英，泽州就是指陈廷敬。

陈廷敬本人对这件事也很感荣幸和自豪，他拜相之后，仍然兼任经筵讲官，又一次给皇帝讲解经书。进讲之后，陈廷敬作《经筵纪事诗》，写道：

牙签一卷几回开，近日新纶忝窃陪。

好与词林传故事，白头丹地讲书来。

（陈廷敬：《午亭文编》卷十八）

好与词林传故事，就是说他入阁拜相之后，仍然兼任经筵讲官，为皇帝讲书，这件事将被传为故事。事实上，这件事真的被传为千秋美谈了。陈廷敬经学思想深邃，对康熙皇帝的儒学修养和政治思想的形成产生了重大影响，成就了一代明君。

○
○

理学宗师

程朱理学，又称道学，由北宋思想家周敦颐、程颢、程颐、张载等人创立，南宋思想家朱熹集其大成，最后形成了理论体系。理学是哲学，但更主要的是关于社会伦理道德的学问，是人的心地修养和人格完善的学问。

陈廷敬是清代康熙朝的理学大家，他曾自述其为学经历，云："吾学亦屡变矣。其始学诗，当其学诗，而见天下之学，无以加于诗矣；其继学文，当其学文，而见天下之学无以加于文矣；其继学道，及其学道，而见天下之学无以加于道矣。"（陈廷敬：《困学绪言》）指出自己求学的三个阶段：第一阶段是学诗，学诗时认为诗是天下最大的学问；

第二阶段是学文，学文时又认为文是天下最大的学问；第三阶段是学道，道就是理学，学道时又认为理学是天下最大的学问。因此，他的学问最后归结为理学。理学是关于社会伦理道德的学问，能使人的自我修养达到最高境界，止于至善，因此陈廷敬认为理学是天下最大的学问。唐鉴在《国朝学案小识》记载："先生童稚之年即知向慕正学，壮而愈笃，老而弥专。"所谓正学，就是纯正的学问，就是指理学。程朱理学从宋代发展到明代，出现了很多流派，而在明代最能代表程朱思想的人物是薛瑄。薛瑄字德温，号敬轩，谥文清，山西河津人。他是明代理学大师，创建了河东学派。陈廷敬的理学直接师承河津薛瑄，著有《困学绪言》。在理学史书《圣清渊源录》中，将陈廷敬列为清代北学的代表人物，《国朝学案小识》则视之为守道名儒，肯定了陈廷敬在清代理学史上的地位。

宋代以来，理学家都十分注重讲学，每天和门徒在一起讲论理学的思想。而薛瑄则认为重在躬行，他说："自考亭以还，斯道已大明，无烦著作，直须躬行耳。"（《明史》卷二百八十二）考亭是指朱熹。这句话意思是说，自从朱熹以来，理学的大道理都已经讲明了，所以没有必要再著书讲学，只要自己亲身实践履行就可以了。陈廷敬继承了薛瑄这一思想，对躬行高度重视。他说："古人读书，直是要将圣贤说话实体于身心。""与其言而不行，宁行而不言。""君子以身言，小人以舌言。故欲知其人，观其行而已，言未可信也。"（陈廷敬：《困学绪言》）在陈廷敬看来，躬行的真正含义，就是按理学的要求，规范自己的行为。陈廷敬重视躬行，反对空谈的学术主张，在清初特殊的历史环境中，对于重建清朝社会伦理秩序、改善官僚政治风气，具有十分重要的意义。

康熙皇帝十分注重程朱理学，而且重用理学大臣。但是理学有真理学与假理学之分，日常行事合乎伦理道德的理学家是真理学，日常行事不合乎伦理道德的理学家是假理学。真理学把理学作为人生理想的最高追求，而假理学则把理学作为换取高官厚禄的敲门砖。康熙皇帝曾经说："道学者必在身体力行，见诸实事，非徒托之空言。今视汉官内务道学之名者甚多，考其究竟，言行皆背。"（《康熙起居注·二十三年六月二十三》）

康熙年间的理学名臣前有熊赐履，后有李光地，都和陈廷敬不同，他们都善于讲学，善于高谈阔论，所以很快就博得了康熙皇帝的欢心，升迁很快，备受宠信，结果都在个人利益面前因言行不一，丑行败露，声名狼藉。

熊赐履，字敬修，湖北孝感人。顺治十五年（1658）和陈廷敬同时中进士，同时被选为翰林院庶吉士，同时授官为检讨。他和陈廷敬的资历完全相同，就因为他高谈理学得到康熙皇帝的器重。康熙十四年（1675），就破格晋升为武英殿大学士兼刑部尚书，比陈廷敬升任大学士早二十八年，可见其升迁多么迅速。但仅仅一年，他就丑行败露而被罢官。

熊赐履到内阁后，和权相索额图交结，互相照应。康熙十五年（1676），陕西总督上了一道奏疏。一般的奏疏是先发到内阁，由大学士票拟。内阁就是宰相办公的地方，票拟就是由大学士先根据奏疏的内容拟出处理意见，写在一张特定的纸片上，这纸片称为阁票，然后把阁票贴到奏疏上，进呈皇帝最后定夺。

陕西总督这一道奏章就分到了熊赐履手里，熊赐履票拟意见时，不小心拟批错了，康熙皇帝就拿出来，问是怎么回事。次日五鼓，熊赐履早早来到内阁，叫中书拿来本章，然后让中书退下。中书就是内阁中专门为宰相服务的秘书。中书退下之后，熊赐履找出自己批错的那一本，把签子撕下来，放入口中咀嚼，然后吞咽下肚。当时同朝宰相杜立德，是直隶宝坻人，被称为宝坻相国。熊赐履把宝坻相国杜立德批的一本拿过来，把他的票签裁下贴在自己这一本错的上面，因为杜立德的批语不是针对他这一本的，所以他这一本仍然是错的，但是却换成了杜立德的笔迹。杜立德原先那一本上面没有了票签，熊赐履又重新作了票拟，放入自己的本章中。经过这样移花接木之后，错批的就不是他熊赐履，而变成了杜立德。

但是熊赐履万万没有想到，这一天他来得早，有人比他更早。有一位学士是满族人，叫觉罗沙麻，这一夜由于亲戚家中有丧事，他去守夜。守夜之后，直接来内阁上班，见无人，就在南炕上躺着。熊赐履没有注意到他，他却把熊赐履的举动看了个明白。

事发之后，熊赐履窘辱备至，只得承认错误。当时舆论大哗，认为熊赐履借用讲理学欺世盗名，进踞高位，妄图嫁祸同官，性质恶劣，言行不一，是假道学。康熙皇帝下旨，让吏部议处。吏部议熊赐履有失大臣体统，免去大学士职务。

李光地，字晋卿，福建安溪人。康熙九年（1670）中进士，选为庶吉士，授编修。康熙十二年（1673），李光地请求归里省亲。李光地归里之后，平西王吴三桂在云南发动叛乱，接着靖南王耿精忠在福建起兵叛乱，镇南王尚之信也在广东叛乱，一时间长江以南形势险恶。福建的耿精忠为维系其统治，多方收罗人才，强授官职。这时，福建侯官（今福州）人编修陈梦雷，与李光地是同榜进士，同官编修，因回乡省亲被逼授伪翰林院编修之职，梦雷不受，耿精忠怒，降其为户部员外，陈梦雷托病不出与之周旋。正当此时，李光地来到省城福州，投见耿精忠，继至陈梦雷家。陈梦雷对其轻率投耿精忠甚为愤慨，不愿与见。后在陈梦雷之父的解劝下，两人相见。陈梦雷将耿精忠的情况向李光地做了详尽的介绍分析，李光地才明白自己投耿精忠投错了。于是两人商定，陈梦雷继续留在福州做内应，离散逆党，探听消息。李光地借口父病速归，并遣人从山路将耿军虚实速报朝廷。陈梦雷表示在耿精忠面前设法关照李光地全家安全，并以自己的"全家八口为保"。李光地以父病离福州归安溪。五月，李光地向康熙皇帝密奏，详细分析了耿精忠粮尽兵疲的形势。但奏疏中却只字未提与陈梦雷共谋之事，更未联名，只写了他一个人的名字。因道途险阻，将奏疏封在蜡丸中，遣家人奔赴京师。康熙皇帝见到蜡丸疏之后，赞许备至，说："编修李光地矢志忠贞，深为可嘉。"

康熙十五年（1676）十月，清军一举收复福建。李光地因有功，康熙帝特下令额外升为侍读学士。不久，李光地北上进京赴任。陈梦雷对李光地完全信任，李光地却将献蜡丸疏之事完全据为己有，闭口不谈陈梦雷之功。就在李光地出任内阁学士，备受康熙帝宠信之时，陈梦雷却被诬为反叛。陈梦雷从蒙蔽中清醒，看清了李光地的真面目。他悲愤至极，写下了《告都城隍文》，揭露李光地背信弃义、贪功卖友的行为。九月，即李光地出任内阁学士的第二个月，陈梦雷被逮入狱，第二年被押解京师，下狱论斩。但因陈梦雷公开揭露李光地欺君卖友之事，早已在朝廷中引起强烈反响，许多人谴责李光地而同情陈梦雷。结果陈梦雷被免死，押离京师，踏上了流放的道路。尽管徐乾学已将陈梦雷所写揭露李光地丑行的《绝交书》，呈进康熙皇帝，但这丝毫未影响康熙帝对李光地的信任，他的仕途可谓一帆风顺，但他的伪诈面孔却暴露无遗。

康熙三十三年（1694），李光地母亲病故，这时李光地任顺天学政。本来父母去世之后，要离职回家守孝三年。但李光地贪恋官位，上疏请假九个月归里治丧，得到了康熙皇帝的同意。当即被人抓住把柄，一时间舆论大哗，攻讦之声四起。御史交章论劾，抨击其不遵为父母回籍守制三年的古训。给事中彭鹏又上疏指责李光地不请终制，是贪恋禄位，自古忠臣出孝子，李光地不孝，"未闻不孝而能忠者也"。康熙帝览奏后甚为震动，传旨询问彭鹏。彭鹏又上一疏，建议皇上命李光地不许赴任，不许回籍，《春秋》诛心，在京守孝。康熙帝再也无法回护，于是将彭鹏的前后两疏一并下九卿议处，终于下令：李光地解任，不许回籍，在京守制。这样李光地在京中，既没有官做，又不能回家守孝，是很难堪的。这是李光地假道学形象的又一次大暴露。

熊赐履、李光地两人是康熙朝声名赫赫的理学名臣，行径却如此卑劣。而在陈廷敬的一生中，绝对没有这样的事情，他虽言语不多，不尚空谈，但行为却是按理学的要求循规蹈矩。在他的一生中，很难找出错误。李光地虽然标榜理学，往往口是心非，言行不一，他对陈廷敬的行事却不得不表示叹服，他说："泽州之慎守无过，后辈亦难到。"（李光地：《榕村续语录》卷十四）所以说，陈廷敬的理学是注重躬行、反对空谈、表里如一、言行一致的真理学，不愧为一代理学宗师。

敬贤修己

陈廷敬一生慎守无过，特别注重自我修养。陈廷敬还在翰林院做学士的时候，京里有一位阳城籍的官员叫田六善。田六善是顺治三年（1646）的进士，陈廷敬是顺治十五年（1658）的进士，田六善比陈廷敬早四科，后来官至户部侍郎，但在当时还是一名御史。因为都是阳城人，所以陈廷敬和田六善来往较多。有一次，陈廷敬来到田六善家中，京城里有一位老太婆，常到田六善家中串门，这一次正好也来了。当陈廷敬坐下来和田六善谈话，谈到某某官员不爱钱，这位老太婆就突然插话说："某不爱钱，岂杨继宗耶？"（陈廷敬：《午亭文编》卷四十一）意思是说：这个人不爱钱，难道他是杨继宗吗？杨继宗是何许人？杨继宗也是阳城人，是明朝成化年间的官员，他十分清廉，不私一钱，在当时名望很大，号称天下第一清官。但是从杨继宗到陈廷敬那时已经过了二百多年，这位老太婆竟能知道杨继宗的事情，令陈廷敬十分震惊。因为古代的女子不上学，不读书，且多足不出户，并不怎么关心社会上的事，更不会关心历史上的事。她能够知道二百多年前的杨继宗是不爱钱的清官，说明杨继宗在那时的影响多么深远，可谓家喻户晓，妇孺皆知。这样的人是特别值得敬慕和值得学习的。陈廷敬因此而悟出了一个道理：只要是清官，老百姓就永远记着他；只要是清官，他就永远活在人民的心中。于是陈廷敬感慨地说："吾阳城杨公继宗，天下称清白吏所首指名者也。盖当时名闻天下，后世妇人女子，犹皆习闻其名而尊美焉。凡为士者，可不向慕乎哉！予感妪言，而心识之。"（陈廷敬：《午亭文编》卷四十一）

　　他有感于这位老太婆的话，并把这位老太婆的话牢记在心里。他想到在阳城附近二三十里的行山溪谷之间，名人辈出，如杨继宗、原杰、王国光、孙居相、张铨、张慎言等人，有的节操清亮，有的功业显著，有的正直敢言，有的以忠死事，都是天下闻名的人。他就决心要向这些家乡的先贤学习，来修养自己锤炼自己。

后来他在做官期间，与山西籍的几位德高望重的先辈交游，向他们学习到很多优秀品德。他说："夫天下清白吏不易得，而为世所指名者，乃独多在于晋，可谓盛矣。"又说："吾乡国多贤人君子，其以清德为世所称。"（陈廷敬：《午亭文编》卷四十一）他举出了六位最敬仰的人物，分别是曲沃县保和殿大学士卫周祚、阳城县刑部尚书白胤谦、蔚州刑部尚书魏象枢、永宁州两江总督于成龙、阳城县陕西巡抚张椿、高平县湖广布政使毕振姬。这六位都是山西人，都可称为天下之士。《诗经》曰："维桑与梓，必恭敬止。"又曰："高山仰止，景行行止。"都是说要敬仰贤人君子。他对这几个人非常崇拜，写了《六公赞》来歌颂他们的品德，并用以勉励自己。

卫周祚（1611—1675），山西曲沃人。明崇祯十年（1637）进士，官户部郎中。清顺治十二年（1655），升工部尚书。畿南大灾，周祚奉命赈济，救活灾民甚多。顺治十五年（1658），改任吏部尚书，不久，加文渊阁大学士兼刑部尚书。康熙十一年（1672），改保和殿大学士兼户部尚书。康熙十四年（1675），卒，谥文清。他为官数十年，敬以事上，俭以居身，诚以服人，以清廉著称。在吏部时间最久，唯以留意人才为务。致仕后"居乡谨厚，圣祖称之"

（《清史稿·卫周祚传》）。康熙四十二年（1703），康熙皇帝西巡至曲沃，命内大臣到他的墓地祭祀，并亲书"表率班联"四字。陈廷敬称赞他"公狷以和，不婴于物"，"清庙明堂，不改其节"（陈廷敬：《午亭文编》卷四十），向他学到了孤高正直、洁身自好，不被利益所诱惑的高尚节操。

白胤谦（1605—1673），字子益，号东谷，阳城人。阳城白氏是一个诗书世家、理学世家。白胤谦的伯父白所知，字廷谟，明万历十一年（1583）进士，官至太子太保工部尚书，有理学著作《惺心录》《语丛》。这样的家族，为白胤谦的理学研究和文学创作奠定了良好的基础。白胤谦于明崇祯十六年（1643）考中进士，翰林起家，以忠诚受知于顺治皇帝。顺治十三年（1656），擢升吏部侍郎，顺治十四年（1657）升刑部尚书。

顺治皇帝亲政之后，为加强皇权，注重刑法，颁布《大清律》；但他惩奸除恶，惯用重典，常常不以法律而加重治罪。白胤谦独认为："开国规模，宜崇宏大，务以宽平佐圣治。"（白胤谦：《东谷集续文》卷十）顺治十六年（1659）九月，苏松巡按王秉衡因贪赃罪被判处死刑，顺治帝下旨将其妻子儿女收为官奴。白胤谦认为根据《大清律》，此罪不应涉及妻子儿女，于是同三法司官员共议，免除了其妻子儿女之罪。

顺治皇帝盛怒，召白胤谦等官员廷对，厉声诘问再三，白胤谦皆援引律例正色以对，只自引罪，但仍坚持要依法裁处。此时，天威严重，廷臣被皇帝诘问者皆惶恐失措，不知所云，而白胤谦则从容不迫，据理侃侃而言，终于使顺治帝不得不服从于法律。

但顺治帝年轻气盛，心中不悦，下旨将白胤谦降三级调用，补太常少卿。白胤谦是理学大臣，被称为明代薛瑄以来的理学宗师，处事极有原则，丝毫不以进退为意。不久升通政使，他又为冤民叩阍之事向皇帝力争，没有因为前事之故而稍有退却。

顺治皇帝其实心里对白胤谦这样正直敢言的大臣特别佩服，准备重用，陈廷敬在禁中，亲耳听到顺治皇帝说："白司寇古之纯臣。"（陈廷敬：《午亭文编》卷四十）司寇是刑部尚书的古称。顺治皇帝夸奖白胤谦有古大臣的风范。康熙皇帝登基之后，国家有许多大事要定夺，白胤谦多次奋颜抗议，必有利于国家人民而后已。

白胤谦比陈廷敬大三十五岁，他是理学家，又是文学家，与陈廷敬来往最多，是陈廷敬最敬重的人物之一。陈廷敬在白胤谦身上学到了立朝清忠端亮的风范，学到了不计个人荣辱、个人得失的美德。

魏象枢（1617—1687），字环溪，号庸斋，蔚州（今河北省蔚县）人。顺治三年（1646）进士，选翰林院庶吉士，历官顺天府尹、大理寺卿、户部侍郎、左都御史、刑部尚书等职。魏象枢立朝端劲，为人望所归。屡次上疏革除积弊，整肃朝廷纲纪，弹击封疆大吏，面折高官贵人，无所阿谀回避，中外大小官员十分忌惮。曾疏言："国家根本在百姓，百姓安危在督抚。愿诸臣为百姓留膏血，为国家培元气。臣不敢不为朝廷正纪纲，为臣子励名节。"疏凡三十余上，其大要崇治本、别人才、修实政、通民隐，皆关国家大政，为清初直臣之冠。讲学醇正笃实，无空谈标榜的习气。魏象枢尝自题对联曰："欺人如欺天，毋自欺也；负民即负国，何忍负之。"致仕时御赐"寒松堂"匾额，卒谥敏果。著有《寒松堂集》。陈廷敬因同乡之谊，与其交往甚密，称赞他"称名责实，公清最闻；绍宗圣学，道集儒勋"（陈廷敬：《午亭文编》卷四十），向他学习公忠体国、清正立朝的为官风范和躬行实践、实学致用的理学思想。

于成龙，字北溟，号于山，山西永宁州（今离石）人，明崇祯十二年（1639）副贡生，入清后历任知县、知州、知府、道员、按察使、布政使，一直做到直隶巡抚、两江总督。两江总督是管理江南、江西两省的最高军政长官。

于成龙是清初著名的清官，是大家都熟悉的人物。他比陈廷敬大二十一岁。陈廷敬称赞他"淡泊之操、坚危之节，始卒不渝，老而弥厉"（陈廷敬：《午亭文编》卷四十一）。陈廷敬最后一次见到于成龙是在康熙二十年（1681）十月，于成龙巡抚京畿，在馆舍与陈廷敬相见，深夜长谈，于成龙拉着陈廷敬的手久久不放，把陈廷敬视为知己。

三年后，于成龙在两江总督任上去世，陈廷敬为他写了长达一万二千多字的传记，详细记载了于成龙的生平事迹。古人写文章比较简略，陈廷敬给很多人写过传记，短者只数百字，长者也不超过三五千字。只有给于成龙写传，用字最多，这在古人所有的传记中都算是篇幅较长的，可见他对于成龙的景仰之情。他为于成龙所写的传记，成为今天研究于成龙的重要文献。

后来于成龙的孙子于准又成为陈廷敬的门生，而陈廷敬的三子陈壮履之女，即陈廷敬的孙女，又嫁给于成龙的曾孙，即于准之子于大梴（chān）。陈廷敬在于成龙身上学到了淡泊的情操、坚贞的品格。

张瑃（1624—1665），字伯珩（héng），山西阳城人。资质过人，聪颖异常，读书过目不忘。从童生到考中进士，只用了五年时间，每次考试只考一次，便取得功名。明崇祯十六年（1643）中进士，年方二十岁。初授原武县（今属河南省原阳县）知县，后擢升御史，巡按四川，又巡察淮阳（今河南省周口市淮阳区）盐政。廉洁自律，矢志不移，清理革除盐政的积弊。历官大理寺丞、顺天府丞、大理寺少卿、工部右侍郎，以右副都御史巡按陕西。在任整顿法纪，拒绝贿赂，贪官污吏闻风退缩。陈廷敬称赞他"历显若晦，居辱不尤。声迹未坠，民今思讴"（陈廷敬：《午亭文编》卷四十），向他学习不以物喜、不以己悲的君子情怀。

毕振姬，字亮四，号王孙，又号颉（xié）云，山西高平人。明崇祯十五年（1642）考中解元，解元是乡试第一名。清顺治三年（1646）考中进士，做过平阳府教授、刑部员外郎、济南道参议、浙江金衢严道、广西按察使、湖广布政使，是三品官。大汉奸洪承畴曾推荐他做湖广布政使。洪承畴原是明朝的大员，投降清朝，卖主求荣，臭名昭著，所以毕振姬不去上任，立即辞官回乡隐居。

陈廷敬比毕振姬小二十五岁，在陈廷敬考中进士的次年，毕振姬就辞官回乡。陈廷敬是京官，毕振姬是地方官，二人并未见过面。陈廷敬的母亲去世之后，陈廷敬回家守孝，当时也是三品官。毕振姬来到中道庄，为陈廷敬的母亲吊唁，后来陈廷敬又亲自到高平答谢。

陈廷敬在去答谢的途中迷了路，于是就派一人前去探路。探路的人先到，找到毕振姬时，毕振姬正在田间种地。太阳已经偏西，陈廷敬才到了毕振姬家，看到院里长满蓬蒿，牛栏鸡窝杂置堂下，堂中则放置着他所喂养的蚕。

毕振姬把陈廷敬请到东边的一所房子，房中灰尘遍地。毕振姬拿笤帚扫了席上的灰尘，然后请陈廷敬坐下。陈廷敬打量了一下毕振姬，俨然一个老农民的模样。毕振姬的家只可与农民中最下者相比，甚是艰苦，但是他家独多藏书，史书尤多。

陈廷敬与毕振姬交谈，毕振姬则议论风生，口若悬河，滔滔不绝，特别健谈。陈廷敬形容毕振姬的谈话说："如瀛海汗澜，浩乎无垠；如蛟龙奋翔，鳞爪开张。"（陈廷敬：《午亭文编》卷三十七）毕振姬家里没有僮仆，他自己亲自做饭，而且一边做饭，一边还喂蚕。陈廷敬记载说："毕先生饭我以脱粟，酌我以流泉。"（陈廷敬：《午亭文编》卷三十七）脱粟就是小米饭，流泉就是清茶。饭后，毕振姬又留陈廷敬深谈而后才分别。

过了不久，毕振姬就写信给陈廷敬，把自己所编的一本书稿寄给陈廷敬。这本书收集了明代以来数百篇科举考试的优秀八股文，命名为《论订历科经义》，要陈廷敬为他写序。陈廷敬看到他的书稿皆是亲手抄写，字里行间还夹杂着注释，每一篇开始还介绍了作者的情况。陈廷敬为他写了序言，并在序言中记下了与毕振姬的这一次会见。这次会见，陈廷敬感触良深，他想起孔子称颜渊在陋巷，"箪食瓢饮，不改其乐"，又自说"疏食饮水，乐在其中"的话，向毕振姬学到了以苦为乐、以俭为乐、以勤劳为乐的优秀本色。

陈廷敬就是这样，广取众人之长，择善而从，把自己造就成一位杰出的政治家。

○
○

赞襄圣治

陈廷敬从清康熙二十三年（1684）开始任左都御史。左都御史是都察院的最高长官，主管朝廷法纪。然后又任过吏部、户部、刑部、工部等四部的尚书。六部是分管国家政务的职能机关，尚书是六部的最高长官。陈廷敬担任部院的最高长官长达二十年之久。陈廷敬还担任过相当于宰辅之职的文渊阁大学士，是康熙决策集团的主要成员，对康熙朝的文治武功及康乾盛世的形成起了极大的作用。他以清勤廉慎的态度，从中央政权的角度推动着清朝政权的儒学化，为健全官僚制度、改善百姓生活，做出了重要的贡献。所以，康熙皇帝表彰陈廷敬为"辅弼良臣"。

一、改革钱币

陈廷敬在任吏部侍郎的时候，康熙皇帝下旨，要陈廷敬去管理户部钱法。吏部是朝廷管理官员的机构，吏部侍郎是吏部的副长官。户部主要管理国家财政，钱法是户部的事情。朝廷六部本来各管其事，陈廷敬是吏部的侍郎，只能管吏部的事，可是康熙皇帝偏偏要让他兼管户部的事。这样的情况在历史上是前所未有的，康熙皇帝开了先例，并且又是在陈廷敬的身上开了先例。

康熙皇帝为什么要这么做，是因为国家的钱法出了大问题。钱法是什么？钱法就是货币制度。古代的货币主要是金银和制钱。制钱就是中间有一个方孔的圆形铜钱。制钱的面值很小，一枚制钱的面值是一文，一千文制钱是一串，也称为一吊，才等于一两银子。在康熙前期，出现了一个特殊的情况，国家年年发行制钱，而市场上年年见不到制钱，没有这种小面值的制钱，商品流通就比较困难，因而引起了市场混乱，这种现象长期得不到解决。于是，康熙皇帝决定让吏部侍郎陈廷敬兼管户部的钱法。这是特殊情况下出现的特例。

陈廷敬管理户部钱法之后，首先进行了深入的调查研究，终于发现了问题症结所在。国家既然年年发行制钱，而市场上几乎见不到制钱，原因究竟出在哪里呢？原来，在清代顺治年间所发行的制钱，一文重一钱二分五厘或重一钱四分，这样的制钱比较重，一两银子等于一千文制钱，一千文制钱共重八斤十二两。换句话说，就是一两银子等于八斤十二两铜，而在市场上用银子直接买铜，一两银子只可买铜七斤，相差一斤十二两左右。所以，不法之徒就将制钱销毁，变成铜来卖，从中获取高额利润。这样，国家无论发行多少制钱都不够这些奸人销毁，所以市场上见不到制钱，流通极其不便。针对这种情况，陈廷敬说："苟不因时变通，其弊将无所底止矣。"（陈廷敬：《制钱销毁滋弊疏》）意思是说，如果不根据现时的情况进行改革，这种弊端将永远无法消除。

怎样改革？陈廷敬主张把制钱改重为轻。制钱改重为轻之后，销毁制钱所得铜少了，没有了利润，自然就无人销毁制钱了，这是很明白的事。但是一些大臣不同意，认为顺治十年（1653）朝廷发行的制钱是一文重一钱二分五厘，顺治十七年（1660）发行的制钱一文重一钱四分，只有废轻而改重，不能舍重而从轻。陈廷敬上疏向康熙皇帝说："臣窃思国家之法，本以便民，苟有利于民，即于国无利，犹当行之，况行之利于国而亦利于民乎！"（陈廷敬：《制钱销毁滋弊疏》）意思是说：我想国家的政策本来就是为了人民方便。如果对人民有利，即使对国家没利，这样的政策也应该施行。况现在改革钱币，既有利于国，又有利于民，何乐而不为呢？！

陈廷敬还说应查产铜铅的地方。由于地方官收税，滋生出种种弊端，小民无利，不行开采，只有收税之名，而无开采之实。此后应停止收税，任民开采，则铜日益增多，而钱价自然得平。

经过九卿会议讨论，康熙皇帝采纳了陈廷敬提出的建议，将一文制钱改铸为一钱重，产铜地方停止收税，任民开采，钱价终于得到了平抑。

二、整饬吏治

清康熙二十四年（1685），陈廷敬针对当时吏治日益腐败的情况，向皇帝上疏，提出整肃吏治。在地方官员中，知府、知州、知县管理民事，与人民直接打交道，叫作亲民之官。陈廷敬说："亲民之官，其职至重。"（陈廷敬：《请严考试亲民之官以收吏治实效疏》）故此，他提出对亲民之官的选用必须十分严格。

当时因国家财政紧张，实行了捐官制度，就是个人给国家财政捐钱，而由朝廷根据所捐钱数量分配官职，实际就是明码标价卖官。不过这也是无可奈何的事，因为国家财政太拮据了。陈廷敬考虑这些捐来的官良莠不齐，有的甚至不识一字。他说，自古以来，以儒经作为吏治的根本，必须先学习经典，然后才能做官治民。自从实行了捐纳制度，不能再做这样的要求，但也必须大略通晓文义，才能委以亲民的重任。历史上从来未有不通晓文义而为民父母官的。现在捐纳的官员，未曾经过考试，吏部就直接委任为亲民之官，是否能通晓文义不得而知。因此，陈廷敬提出两条建议：其一，凡是捐纳的官员，必须经过考试，才可以选用；考试不合格，令其继续学习，听其再试。其二，考试之时，不必再考经义，因为非其素习。应该考有实用价值的时务策一道，判一道。时务策是指对当前时务提出看法和对策的文章，判是指处理某件事情所做出的结论。陈廷敬要求，考试时要严加防察，不得代请传递，徒应虚名。陈廷敬这一主张显然有利于清朝地方官吏制度的完善。康熙皇帝看了陈廷敬的建议后说："临民之官若不识字义，何以办理民事而尽职掌？"因此采纳了陈廷敬的建议。并且要求，凡是亲民之官，不分捐纳与不捐纳，有不识字义的，总督巡抚都必须实心考察，令其休致。

陈廷敬又上《请严督抚之责成疏》，他指出：总督、巡抚之职在察吏安民。并且对督抚考察知府、知州、知县等亲民之官定了四条标准：第一，无加派，就是征收赋税时不另外加征。第二，无火耗，就是征收赋税时不征损耗。第三，无黩货于词讼，就是在审理案件时不贪赃。第四，无朘（juān）削富民，就是不剥削富裕的百姓。如果官吏的行为符合这四条标准，方可称为廉能之吏；如果做不到这四条，必然是贪官。

康熙皇帝为崇尚德政，注重教化民俗，曾颁布《圣谕十六条》，分别为：敦孝悌、笃宗族、和乡党、重农桑、尚节俭、隆学校、黜异端、讲法律、明礼让、务本业、训子弟、息诬告、诫匿逃、完钱粮、联保甲、解仇忿。陈廷敬要求知府、知州、知县等亲民之官在一心养民的同时，还要一心教民，实心奉行上谕，每月聚众讲解乡规、乡约，使民迁善远过。

陈廷敬建议：考察总督、巡抚，以洁己教吏，吏得一心养民教民为称职，否则罢黜治罪。总督、巡抚保举推荐府、州、县官，须加两个条件：其一，本官无加派，无火耗，无黩货，无朘削。其二，本官实心奉行上谕，每月聚众讲解乡规、乡约。如果保举推荐的情况不实，请将保举推荐的总督、巡抚、司道以及所保荐的官员严加处分。经吏部议复，完全采纳陈廷敬的建议，并规定："嗣后督抚保举荐举府、州、县官员，将此二条添注册内，如保举不实，别经发觉者，督抚各降二级调用，申详之司道府等官各降三级调用。"（《圣祖实录》卷一百二十二）

三、惩贪倡廉

康熙中期平定三藩之后，社会逐渐趋于稳定，经济也逐渐恢复。但政治腐败却显得相当突出，成为亟待解决的一个重要问题。陈廷敬对于这些政治弊端深恶痛绝，并为铲除这些弊端做了不懈的努力。

陈廷敬针对当时政治腐败、贪污成风的情况，向康熙皇帝上《劝廉祛弊请敕详议定制疏》，强调指出："贪廉者，治理之大关；奢俭者，贪廉之根柢。欲教以廉，当先使俭。"意思是说，贪污还是廉洁，是治理国家的关键；奢侈还是俭朴，是决定贪廉的基础。要使官员廉洁，应当先让他们形成俭朴的作风。

陈廷敬认为形成贪污风气的原因，首先是官员生活奢侈，互相攀比。因而他又批评一些官员出门随从数十以至百人，衣服车马非常豪华，耀武扬威，震惊道路。他认为这些官员"泥沙之用不惜，贪饕（tāo）之行易成"。意思是说，这些官员在生活上挥金如土，把钱财当作泥沙，毫不珍惜，一开始是不节俭，接着便是不清廉，这样最容易形成贪得无厌的作风。他请求朝廷对官员的衣冠、车马、器用、婚丧之礼都要有严格的限制，不得过侈，逐渐养成节俭之风。康熙帝接到陈廷敬的奏疏，降旨严肃指出："近见习俗奢靡，嗣后必须时加申斥，务期反朴还淳，恪循法制，以副朕敦本务实、崇尚节俭之意。"（《圣祖实录》卷一百二十二）

陈廷敬分析官吏不廉洁的重要原因，不尽在于本人，而在于国家的高级官员。陈廷敬在《请严督抚之责成疏》中深刻指出："上官廉，则吏自不敢为贪；上官不廉，则吏虽欲为廉而不可得。"这里的上官，指的是总督、巡抚，即省级以上的高级官员。他认为总督、巡抚这些高官如果清廉，那么知府以下的这些亲民之官自然就不敢贪污；如果总督、巡抚这些高官不清廉，那么知府以下的亲民之官想清廉也不行。真是一语中的，揭示出政治腐败的根本所在。他还说，作为总督、巡抚，只有对利益不动心，保持一身正气，才能监督管理下级官吏。下级官吏只有不曲意逢迎上级官员，然后才能全心全意办理百姓的事。于是陈廷敬进一步指出："方今要务，在于督抚得人。"所以，总督、巡抚的人选，在国家清廉政治的建设中，有着至关重要的作用。

陈廷敬不仅极力提倡清廉政治，而且对贪污腐败的现象深恶痛绝，惩治贪官污吏不遗余力。都察院是监察机关，掌管朝廷法纪，凡职官邪正、政事得失，均可弹劾、建言。都察院的最高长官是左都御史。陈廷敬任左都御史时，铁面无私，执法如山，史书记载："先生为御史大夫，风操清重，信于天下，有不可犯之色，诸为不法者凛凛相戒，时人谓陈公笑比河清。"（缪继让：《樊川先生小传》）左都御史古称为御史大夫。这一段话是说，陈廷敬做御史大夫时，作风操守清正严肃，为世人所信任。他的神色凛然不可侵犯，不法官吏皆相互戒备。当时的人说，见到陈公笑，比见到黄河变清还难。

陈廷敬在康熙二十三年（1684）九月升任左都御史后，至康熙二十五年（1686）四月前，仍兼管钱法。他发现全国各地榷关（征收关税的机构）的包揽办铜人员，借口要给管理钱法的衙门送钱才能办事，向榷关的监督诱骗钱财。各关的监督只图办事顺利，不惜钱财供给包揽办铜人员。如此上下相蒙，牢不可破，其欺骗索取的实情难以究诘。因此陈廷敬撰写《钱法堂榷关监督札》（札即公文），下发全国所有榷关，声明：本院本部自受事之日，即与科院监督当堂言誓，绝不私取钱局关差铜钱一文、银一分。因此他要求，所有榷关如有派公差到京者，必须当日赴宝泉局衙门，逐一诘问有无包揽办铜人员骗索钱财的情弊；没有派公差回京者，本公文到达之日，各榷关必须具文申说有无包揽办铜人员骗索钱财的情弊，务必从实汇报。今后包揽办铜人员，仍不悔改，欺索关差，本院本部决不宽宥。

陈廷敬在整顿钱法的过程中，弊绝风清，言行如一，不仅态度严谨、措施适当，而且以自己的廉洁作风影响了身边和下级的官员。

当时的云南巡抚王继文，字在燕，汉军镶黄旗人，是云南省的最高军政长官。在平定吴三桂叛乱的战争中，国家为了减轻百姓负担，发动官员和富户捐纳粮草，供给军队使用。战争结束以后，捐纳的粮草剩余米514600石（容量单位，十斗为一石），草11615000束。军队凯旋，需要供应粮草，本来应该在存余的粮草中支放，但王继文不用现成的粮草，反而动用库银二万五六千两，买米一万石，每石用银二两二钱至二两八钱不等；又动用库银四十四万两，买草17051764束，每束用银三分。陈廷敬提出疑问：存有现成粮草，不用来供应军需，反而动用库银另行采买，是何道理？等到军队凯旋之后，王继文又用所存粮草支付本省官俸及驿递马匹，米一石只扣银一两二钱，草一束只扣银一分。陈廷敬又提出疑问：前此采买粮草，米一石用银二两二钱至二两八钱，草一束用银三分；今米一石只扣银一两二钱，草一束只扣银一分。价钱相差如同天壤，又是何道理？

陈廷敬以王继文前此采买粮草的价格计算，所存米514600石，值银一百二十九万两有余；所存草11615000束，值银三十四万两有余，共计一百六十万两有余。而王继文用所存粮草支付官俸和驿递马匹，所扣银共七十万两有余。

两相比较，相差竟达九十余万两。

于是，陈廷敬上疏参劾云南巡抚王继文。他说，军队凯旋还京之日，若果真有现存粮草，断然不会另行采买。必定是先将捐纳粮草折银入己，无从供应军队，故采买粮草以应一时之急，其侵吞入己之弊显然可见。至于军队凯旋之后，捐纳所存粮草又无从销账，所以含糊支付本省官俸和驿递马匹。王继文为什么要这样做呢？是因为军队的供应紧急，而本省的开支可以迟缓；军队的供应不可假借，而本省的开支可以通融。就在军队供应和本省开支这一挪移之间，王继文就侵吞饷银达九十余万两。退一步说，即使王继文没有侵吞入己，但他身为封疆大吏，在国家兴兵之际，不思报国，反而亏损军饷近百万两，也应承担渎职不忠之罪。所以陈廷敬奏请皇帝下令户部，检查王继文前后报部文册和报销价值，迅速做出处分。

陈廷敬的奏疏上达之后，户部要求王继文捐纳粮草仍照采买价格解送，否则从重严加议处。康熙皇帝说："王继文既已欺诳，且不回奏，欲借此事蒙眬完结耳。前捐助人得便宜，今销算时图自己便宜，此岂封疆大吏所为？"（《康熙起居注·二十五年二月十八》）结果王继文立刻被罢官候审。陈廷敬重拳出击惩治贪官，朝野震惊，大小贪官一时敛手，都怕自己的名字挂入陈廷敬的奏章之中。

四、关注民生

康熙二十四年（1685），陈廷敬发现当时地方遇到灾害，报灾、复核程序烦琐，往往一拖就是一年半载，百姓长时间得不到救济，不能及时解除困苦。因此，他上《请议水旱疏》，上疏建议简化程序，加速赈灾进程。陈廷敬向康熙皇帝举了一个例子，山东省济宁、海丰、沾化三县遭受水灾，从上报朝廷到朝廷采取救济措施，中间需要经过三次循环。第一循环，山东巡抚上报，户部答复，命令派人前去调查。第二个循环，山东把调查情况及应该蠲免钱粮造册再次上报，户部又答复，令分别说明地亩与受灾情况。第三个循环，山东巡抚再上报说明受灾情况真实，无虚报现象，然后由户部审核之后正式批准，减免钱粮。陈廷敬认为如此反复行文，费时八个月，较远的省份费时一年有余，对于灾民而言，嗷嗷待哺，远水不救近火。

但国家办事要遵循长期以来形成的旧例，康熙皇帝曾说："国家诸务，特有成例。苟无成例，何所遵循！"（《国朝先正事略·陈文贞公事略》）可见康熙帝对循例办事的原则多么重视。陈廷敬为了让灾民尽快得到实惠，竟然上疏皇帝，强烈要求简化程序，并且提出了和康熙皇帝指示相反的说法："勿循旧例为便。"（陈廷敬：《请议水旱疏》）

陈廷敬直言破除旧例，需要有一定的政治勇气。他的建言终于被皇帝采纳，命以后巡抚题报受灾情形，直接分析高下具题，户部复核无误，即准其蠲免。这样把以前申报灾情的程序由三次循环变成了一次循环，大大提高了办事的效率。由此可见，陈廷敬在处理政事或向皇帝提建议的时候，常常把人民的利益放在第一位，把民生疾苦作为改革弊政的依据。

便民利民，是陈廷敬为政思想的基础，而康熙皇帝也是一位重视民生的皇帝。康熙二十六年（1687），陈廷敬首次出任户部尚书。因为黄河下游泥沙淤积，致黄河水泛滥，每年都要挑浚河道里的泥沙，使河水流入故道，方能解除水患。这就需要雇用民夫挑浚泥沙，但由于国库空虚，户部所拨的经费不足。朝廷于三月二十六日召开九卿会议商量对策，决定让总督、巡抚每年筹集银三十万两增添工价。筹集的办法，无非是向民间百姓加派，或向各地盐商派征。陈廷敬立即站出来说："用兵之时，皇上轸（zhěn）念小民，犹不加征。今议派民，实属不合。"意思是说，国家在用兵打仗的时候，需要大量的军费开支，皇上还怜悯忧念百姓，尚且不向百姓加派征收数额。现在讨论向民间加派，实在是于理不合。康熙皇帝也说："派民之事断不可行。"可见陈廷敬时时处处站在爱民利民的立场上说话。

康熙三十三年（1694）十二月，陈廷敬再次出任户部尚书后，积极配合康熙皇帝推行对百姓的蠲（juān）免赈济政策。康熙二十九年（1690）至三十六年（1697），因蒙古准噶尔部噶尔丹叛乱，清廷多次出兵对其讨伐并取得胜利。由于连年战争加重了人民负担，康熙皇帝于康熙三十八年（1699）南巡，视察黄河灾情和百姓生活。在此期间，康熙皇帝所到之处，"恤民之灾，谋其生计；悯民之乏，免其正供"（陈廷敬：《南巡歌序》，下同），多次下旨蠲免山东、河南、安徽、江苏、浙江各省许多地区的钱粮，赈济受灾百姓。皇帝的谕旨，都要通过户部去落实执行。作为户部尚书的陈廷敬，对这些"宏恤民隐"的蠲免赈济举措，表示"诚欢诚忭"，积极拥护，而且每接到康熙皇帝的上谕，都主动、切实地去落实。同时他还撰写了乐府体《南巡歌十二章》，对康熙皇帝这种爱民利民的精神进行了热情的称赞和颂扬。

陈廷敬在大臣中是一个正直敢言的官员，他的主张讲求实际，具体可行，史书誉之曰："公所陈，切中时弊，棘棘不苟同。"（李元度：《国朝先正事略·陈文贞公事略》）棘棘，是刚直不阿的意思。这句话意思是说，陈廷敬的政治主张，都能切中当时的弊政，他刚直不阿，不附和，不苟同，见解独到。

所以说，陈廷敬的为政思想和主张，对于康熙帝整顿吏治等一系列康熙朝大政方针的制定，都发挥了显著的作用。

○
○

人望所归

清代乾隆年间，乾隆皇帝组织编修《四库全书》，收入了陈廷敬的主要著作《午亭文编》五十卷。纪晓岚等四库馆臣在《四库全书总目提要》中给陈廷敬下了八字评语："文章宿老，人望所归。"认为陈廷敬是文坛的老前辈，在士林中享有很高的声望，受到大家的景仰和尊敬。陈廷敬为人温厚和平，宽裕汪洋，慧眼识人，善于发现人才，培养人才，举荐人才。他的周围有很多文人学士，与他交往，向他学习。说他人望所归，名副其实，毫不夸张。

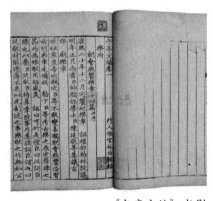

《午亭文编》书影

福建侯官县举人林佶，字吉人，号鹿原，游学京师。他为了学习诗文，要拜当时的顶级人物为师，他向陈廷敬、王士禛、汪琬学习写作诗文，学而有成，写诗才气汪洋，作文辞藻修洁，著有《朴学斋集》。林佶不仅诗文写得不凡，而且工楷法。清代书法理论家包世臣把有清一代书法分为神品、妙品、能品、逸品、佳品，林佶的小真书被归入佳品。林佶小楷银钩铁划，妙彩丰神，名震京华。他要为他的三位老师写刻文集作为报答。陈廷敬的《午亭文编》、王士禛的《渔洋精华录》、汪琬的《尧峰文集》都是他亲手书写出来，然后由刻工雕刻成版，印刷成书，在历史上被传为佳话。这三部书在中国版本学上称为著名的"林写三刻"，弥足珍贵，有很高的收藏价值。

康熙四十四年（1705），陈廷敬向朝廷推荐林佶，康熙皇帝立即召试，然后让林佶入直武英殿，为康熙皇帝写刻《御制文集》《御制诗集》。康熙皇帝的诗文集都要林佶写刻，说明林佶的楷书写得确实不凡。后来康熙皇帝特赐林佶为进士，补官内阁中书，参加编修《古今图书集成》。

当时翰林院有两位翰林，一位叫史申义，一位叫周起渭。史申义，字叔时，号蕉饮，江都人。少年时就工诗，与同里诗人顾图河齐名，被称为"维扬二妙"。康熙二十七年（1688）考中进士，入选翰林，授编修。著有《芜城集》《使滇集》《过江集》，有南宋陆游的诗风。周起渭，字渔塘，贵阳人。康熙三十三年（1694）考中进士。他诗才隽逸，尤肆力于苏轼、元好问、高启诸家，著有《桐野诗集》。贵州在明代才进入国家版图，清代贵州诗人以周起渭为第一。康熙皇帝有一天派内侍来问陈廷敬，说："今之诗人，孰与尔等比？今或未然，其后可冀有成者为谁？悉以闻。"意思是说，现在诗人中，谁能与你们相比？如果现在还不能与你们相比，将来有希望能够学成的有谁？全都奏明。陈廷敬就推举了史申义、周起渭，史、周二人因此声名大起，被称为"翰苑两诗人"，一时名震天下。可见，对于后进来说，陈廷敬一经品题，立刻身价百倍。

清代康熙年间著名诗人查慎行，也是经陈廷敬举荐提拔的人才。查慎行，字悔馀，浙江海宁人。少年时受学于大学者黄宗羲，六经中最精通《易经》。性喜作诗，游览所至，辄有吟咏。康熙三十二年（1693），考中举人，但后来屡考进士不第。康熙四十一年（1702），康熙皇帝东巡，陈廷敬向康熙皇帝推荐了查慎行。康熙皇帝立即下诏，让查慎行前来赋诗。然后诏命查慎行随驾入都，入直南书房。不久又赐进士出身，选为庶吉士，授编修。查慎行对陈廷敬非常敬重，一生始终执门生之礼。

在陈廷敬门下还有一位大文学家，名叫姜宸英（1628—1699），字西溟，浙江慈溪人。姜宸英工文辞，作文闳博雅健。康熙二十年（1681）冬，他从故乡来到京师，这时他已经五十四岁。到京师后，他先拜访了江苏昆山县的徐乾学，想请徐乾学向朝廷举荐他。徐乾学说："盍往见泽州公乎！当今名公卿，能以其学复文章于先秦两汉之盛者，莫逾公矣。"（姜宸英：《湛园集》卷二）意思是说，你为什么不去见一见泽州陈公啊！当今在朝中的著名大臣，学问渊博，文章能够达到先秦两汉兴盛时期的程度，没有能够超过泽州陈公的。常言说诗必盛唐，文必秦汉，徐乾学对陈廷敬的评价很高，认为陈廷敬的文章能达到先秦两汉时的高度，朝中的名公巨卿无人能比。姜宸英听了，对陈廷敬肃然起敬。但在他初见到陈廷敬的时候，发现陈廷敬神情严肃，不苟言笑，如同山岳耸峙，感觉难以接触。这是因为陈廷敬对姜宸英的情况并不了解。陈廷敬把姜宸英安排在明史馆参与编修《明史》，当他看到姜宸英所写的史传文章后，喜形于色，拊掌称善，常把姜宸英的文章放在怀袖之中，逢人就拿出来与人共读，反复朗诵，到处为姜宸英宣扬延誉。姜宸英参与了《明史》的编修，有了七品官的职衔。陈廷敬为姜宸英举荐揄扬，姜宸英也很感动，他写道："公不忍于一士之不达，而引以为己忧，真古宰之用心也。"（姜宸英：《冢宰陈公五十寿序》）意思是说：有一个读书人得不到重用，陈廷敬都不忍心，引以为自己内心的忧虑，这真是古大臣才能具有的良苦用心啊！

在陈廷敬所交往的文人学士中，也有很多地位低下的文人。其中有一位布衣文人，名叫张文炳，字子潜，阳城人。他家境贫寒，以卖豆腐、采药为生。他从未上过学，但酷爱诗歌，无人教导，就自己刻苦研读，终于得其门径。著有《麋田小草》。张文炳的诗淡中见雅，妙语惊人，但身为布衣，穷居陋巷，所以鲜为人知。在阳城县城西七十里的地方有一处名胜，叫修真古洞，是阳城古八景之一，他游览之后，写了一首诗，其中有句云："窗外风云龙虎穴，门前芝草鹿麋田。"当时著名的理学家、文学家刑部尚书白胤谦年老归隐，看了他这首诗后，认为"门前芝草鹿麋田"这一句自然天成，极为赞赏，于是和他交为朋友，给他取了"麋田"作为号，此后人们都叫他张麋田。康熙三十一年（1692），陈廷敬因父亲去世归里守孝，张文炳又带着诗稿去拜访陈廷敬。陈廷敬读了他的诗稿，看到其中一首《春日山居》，其中有句云"晒药扫残雪，投竿向钓矶"，极为称许，感叹说："风趣孤迥，非余子可及。"（陈廷敬：《张子潜诗序》）并为张文炳诗集写了序言，评其诗曰："澹旨圆洁如玉禾之露，而濡润丰美又如昆山之脯（fǔ）。"（陈廷敬：《张子潜诗序》）

张文炳见陈廷敬这位文坛泰斗对自己的诗如此看重，高兴地把他的诗集命名为《喜见吟》，欣喜自己能见到陈廷敬这样的人物。陈廷敬到京城后，将他的诗向朝中诸臣广为推荐，使他的诗名噪京华。朝中大臣、当时的著名诗人韩菼（tǎn）、王士禛、汤右曾、徐秉义等人都赠诗给他。王士禛在赠诗中赞誉他说："抗怀寄云鼗，高歌动林薮。"

陈廷敬和这位出身贫贱的布衣诗人终生保持着友好的关系，常常书信往来，吟诗唱和。就在陈廷敬生命最后一年的前三个月，他收到张文炳寄来的诗，其中第一句就是"孤云独无依"。张文炳说孤云无依，是他把陈廷敬作为知音，表示久不相见的怀念之情。陈廷敬写诗回复："张子孤云诗，因风寄吾州。我心独依依，清贫可同俦。还家扫茅堂，一樽相献酬。与子偕千年，悠悠续前修。"从陈廷敬和布衣诗人张文炳的关系，可以看到一位康熙朝文坛上的顶级人物的崇高风范、宽广胸怀。

○
○

高文典册

康熙皇帝执政之后，十分重视文化建设，重视各类典籍的整理和编纂。陈廷敬学问淹洽，文采优长，自任内秘书院检讨之后，就参与了官修书籍的编纂工作。他平时雅嗜诗书，擩（rǔ）哜（jì）经史，虽然工作头绪繁多，但他始终坚持仕优则学的道路。尤其是他入直南书房之后，康熙皇帝经常直接任命他负责各类书籍的纂修，国家凡有大著作，皆为总裁官。他为朝廷主持了许多文化工程，编纂了许多大型典籍，充分说明了他在经学、史学、文学、小学等方面的深厚功力。他在政治舞台上不断展现其才能的同时，在文化建设领域也做出了杰出的贡献。现将陈廷敬参与或主持编修的各种文化典籍的情况概括介绍如下：

一、经学类

经学是研究儒家经典的学问。陈廷敬出身于儒学世家，长期担任康熙皇帝的经筵讲官，对经学有精深的研究，在他的主要著作《午亭文编》中，有《易》《书》《诗》《礼》等儒经的详细解读，还有《古今易说》《皇极数说》《春秋齐桓晋文说》《春秋明天道说》《经学家法论》等大量经学研究文章。他所编纂的经学书籍有《日讲四书解义》等。

《日讲四书解义》 是详细讲解"四书"的书籍。康熙十六年（1677）三月十三，陈廷敬于弘德殿进讲，康熙帝面谕："四书已经讲完，讲章应行刊刻。"陈廷敬奉旨，将《四书讲义》编校刊刻成书，于十二月十八进呈，共二十六卷。书中的主要内容，有的是陈廷敬自己在日讲中所讲，也有的是其他讲官所讲，但都经过了陈廷敬的整理和加工，增添了他自己的学术观点和研究成果，故此书也是他在经学研究上的贡献之一。康熙帝特为《日讲四书解义》作序，明确宣布清廷将以儒家思想治理国家。《四库全书总目提要》称陈廷敬编的《日讲四书解义》"所推演者皆作圣之基、为治之本，词近而旨远，语约而道宏。"意思是说，这本书中所探讨的都是成为圣贤的基础，是治理国家的根本，文辞浅近但意义深远，语言简约但道理宏大。

陈廷敬先后给康熙帝进讲经书的讲义，年终要汇总进呈。进讲经书，编写讲义，都是他在对经学深入研究的基础上进行的。因为向皇帝进讲，既要解释经学之微言大义，又要阐述自己的独立见解，并且联系治国理政的实际，使皇帝受到启发，从中获得治国之策。他的讲解多次得到康熙皇帝的肯定，认为"实于学问政事大有裨益"。陈廷敬先后汇总进呈的讲义除《日讲四书解义》之外，还有《通鉴讲义》《尚书讲义》《易经日讲解义》等，均刊行。

二、小学类

小学是与大学相对应的。大学是儒家经典，小学则是解释儒家经典的学问，主要包括训诂学、音韵学、文字学，也就是相当于词典、字典的书籍。

《康熙字典》　陈廷敬为总阅官，奉旨编纂。康熙帝于康熙四十九年（1710）三月初十，谕南书房侍直大学士陈廷敬："朕留意典籍，编定群书，次第告成。至于字学，并关切要，允宜酌订一书。今欲详略得中，归于至当，勒为成书，垂示永久。"意思是说，我多年来特别留意典籍，编定了很多书，都依次告竣了。至于字学的书籍，非常重要，

《康熙字典》 陈廷敬任总阅官

应该斟酌编订一部书。要使它体例详略得当，内容恰到好处，编辑成书后，让后世长久使用。于是，陈廷敬选拔杰出学者三十多人，组成一个编辑班子，删繁补漏，辨疑订伪。同时，他的三儿子陈壮履也参与了此书的编纂，父子同修一书，传为千秋佳话。书成，共四十二卷，康熙帝在为之作序时，予以高度评价："古今形体之辨，方言声气之殊，部分班列，开卷了然。无一义之不详，无一音之不备，信乎六书之渊海、七音之准绳也！"《康熙字典》所收字数比以前有较大的增加，对此清人曾做过详细的统计："字典十二集，二百十四部，旁及备考，合四万七千三十五字。古文字一千九百九十五，不在此数。"（陆以湉：《冷庐杂识》卷二）这部空前的字典，在文字学史上产生了重大影响。一是有益于清代文字规范，有利于四海之内文化的交流，促进了一定时期思想文化的发展。二是为后来字书进一步完善奠定了基础，成书于1914年的《中华大字典》，就是根据《康熙字典》的体例编成的，同时当代的重要辞书如《辞源》《辞海》《汉语大字典》《汉语大词典》都沿用了《康熙字典》的体例。在近三百年的时间里，《康熙字典》一版再版，一直享有崇高的学术地位，成为有关祖国语言文字必不可少的大型工具书。陈廷敬是本书编纂工作的重要组织者，是我国历史上杰出的语言文字学家。

三、史学类

陈廷敬同时是清代著名的史学家。在他的文集中，有不少史学研究文章，如《汉高帝得天下之正论》《汉高帝知吕氏之祸乱论》等，还对汉朝五十多位人物的生平出处、历史功过进行了评论，反映出他对两汉、三国的历史以及《汉书》《后汉书》和《三国志》曾进行过深入的研究。他曾充任很多史学要籍的总裁官，并以其治学严谨、修书精勤、学识渊博而深得康熙皇帝的赞赏。他参与和主持编修的史书有十数种之多。

《世祖章皇帝实录》 是记载顺治朝历史的书籍。康熙六年（1667）九月，朝廷设馆纂修《世祖章皇帝实录》，康熙十一年（1672）告成，共一百四十六卷。陈廷敬为纂修官，因此加一级食俸。

《太宗文皇帝实录》 是记载清廷在关外皇太极时期历史的书籍。康熙十二年（1673）秋七月，设馆重修顺治年间修成的《太宗文皇帝实录》，陈廷敬为副总裁官，至康熙二十一年（1682）九月完成。

《平定三逆方略》 是记载康熙朝平定吴三桂、尚之信、耿精忠叛乱的历史书籍。康熙二十年（1681）平定了三藩的叛乱，于二十一年（1682）设方略馆，命陈廷敬等为总裁官，纂修《平定三逆方略》，共六十卷。

《平定察哈尔方略》 是记载康熙十四年（1675）平定察哈尔布尔尼的叛乱的历史书籍，上下两卷。陈廷敬为总裁官。

《平定海寇纪略》 是记载康熙二十三年（1684）接受郑克塽投诚并收复台湾的历史书籍，共四卷。陈廷敬为总裁官。

《平定罗刹方略》 是记载康熙十六年（1677）雅克萨之战打败俄国侵略者的历史书籍，康熙二十八年（1689）编纂成书，共四卷。陈廷敬为总裁官。

《亲征平定朔漠方略》 是记载康熙三十六年（1697）康熙皇帝御驾亲征平定噶尔丹叛乱的历史书籍。康熙三十七年（1698）初开始编纂，康熙四十七年（1708）成书，共四十八卷。陈廷敬为总裁官。

《鉴古辑览》 康熙二十五年（1686）闰四月，陈廷敬与徐乾学等编辑的《鉴古辑览》告成，一百卷，是一部详细记载中国古代兴亡治乱的历史书籍。他在《进鉴古辑览表》中说："已事为师，常切高山之望；前车可鉴，敢忘覆辙之心！"意思是说，往古之事可以为师，对圣君贤王常思高山仰望；前车之覆可以借鉴，对历史教训岂敢时刻忘怀！明确说明，编写这部书的目的在于继承尧、舜、禹、汤的治道，汲取昏君暴政败亡的深刻教训。该书进呈御览，康熙皇帝非常满意，传旨："览卿等奏进《鉴古辑览》，具见尽心编纂，博采考订，劝诫昭然，有裨治化，朕心深为嘉悦！书留览。"

《大清会典》 康熙二十三年（1684），康熙皇帝颁旨编纂《大清会典》，命陈廷敬等人为总裁官。收辑资料起自崇德元年（1636），迄康熙二十五年（1686），共一百六十二卷，于康熙二十九年（1690）修成进呈，康熙三十五年（1696）刊行。

《三朝圣训》 是清代太祖、太宗、世祖三代皇帝的训谕、诏令集，康熙二十一年（1682）纂修。陈廷敬为副总裁官。

《三朝国史》 清太祖、太宗、世祖三朝的国史，康熙二十九年（1690）下令编修，并成立国史馆，以大学士王熙等为总裁官，陈廷敬等为副总裁官。《三朝国史》的编修贯穿了整个康熙朝，开辟了清代国家主持编纂国史的先河。

《玉牒》 为清代皇族的族谱，分为满、汉两种文本，自顺治十三年（1656）开始，每十年续编一次。康熙四十五年（1706）为第六次续编，任命陈廷敬为副总裁官。

《皇舆表》 为康熙年间编纂的地理书籍，陈廷敬等为总裁官。是书详细考究了自唐虞至元明共二十三代总计四千年间的地名、建置等变迁，仿史表例编辑而成。成书于清康熙十八年（1679），计目录一卷，凡例一卷，表十六卷，共十八卷。

《政治典训》 康熙皇帝历年政令的总集。康熙二十五年（1686）二月二十二，康熙帝决定编纂《政治典训》，并任命陈廷敬等人为总裁官，将康熙以来历年政令编辑成书，定名曰《政治典训》。

《明史》 是清代修纂的正史，为中国历史上编纂时间最长、规模最大的一部官修史籍。康熙十八年（1679），陈廷敬被简选入明史馆，康熙二十一年（1682）担任《明史》总裁官，完成了《明史》的主要纂修工作。《明史》在康熙朝已经基本成书，在雍正朝只做了一些简单的收尾工作就告竣了，共三百三十六卷。《明史》作为二十四史中最后一部史书，是有价值的传世之作，其主要工作是陈廷敬、张英、王鸿绪任总裁官时完成的。

《大清一统志》 清代官修地理总志。康熙二十四年（1685），康熙皇帝下旨开一统志馆，命陈廷敬为总裁官。陈廷敬于编纂十分用心，从他写的《与徐大宗伯论一统志书》一文中可以看到，他对志书的体例、史实，都做了认真审查和修改，并提出了独到的见解。《大清一统志》清代前后共编辑过三部，此为〔康熙〕《大清一统志》。

四、类书类

《佩文韵府》 陈廷敬为总裁官，康熙五十年（1711）成书。"佩文"是康熙皇帝的书斋名，在畅春园内，因是奉敕编纂，故命名为《佩文韵府》。《佩文韵府》是按平上去入四声各标其韵目，以一韵为一卷，分一百零六卷。《佩文韵府》在汇辑诗词歌赋的典故方面对前人的成果进行了一次总结，因而成为清代前期修成的一部有名的类书。《佩文韵府》在文化史上有两点值得重视的贡献，一是作为一部辞藻汇编，可供查寻成语、典故以及一般的词语时使用，有重要参阅价值。二是对促进词典的发展具有积极作用。古代的词典体例，以内容分类排列，查寻很不方便，《佩文韵府》采用"以韵统字，以字系事"的系统方法，编排较为科学，成为后世编辑辞典的范本。现代流行的《辞源》《辞海》一类辞书，都是从《佩文韵府》继承和发挥而来，这种方法已成为编辑汉语辞典的一种主要方式。

五、文学类

《钦定词谱》 陈廷敬等奉旨编纂。成书于康熙五十四年（1715），编纂此书一是得益于官家藏书之富，故能"翻阅群书，互相参订"，避免前人典籍欠缺不全的局限；二是由陈廷敬等二十余人奉旨共同编定、校勘，得力于集思广益。因此，该书较之前人各谱具有许多显著优点：其一，所收调式比较完备。该书收词调八百二十六种，载词体两千三百零六式。其二，考订甚为谨严、精审。所采各调均注明作者或出处，对词调具有多种体式者，通过对众多词作的排比，标出异同，某字可平可仄，亦从详加比较中得出，在实证基础上增强了科学性。其三，编排比较科学。格调相同者，以创始所作或早出之作为正体，后出有异之词为变格，避免了时代先后的颠倒。其四，解说较详。于同调异名、异调同名者，说明名称的来由，并说明与某词作的关系，让人明其所以然。又对各词牌凡能注明宫调者，悉加注明，为后人研究提供了更为丰富的资料。《钦定词谱》一书是目前我国最完备、最精审的一部词谱，它为研究词的音乐特性提供了范式，对词学研究工作者、诗词爱好者来说，是不可缺少的一部重要典籍。

《御选唐诗编注》 陈廷敬为总阅官，奉旨辑注，共三十二卷。该书前有康熙皇帝御制序，收一百多位唐代诗人近三千首诗。该书本着"一字一句必溯其源流"的原则，对每一首诗都注释得十分精详，是研究唐诗的重要参考书。

《古文渊鉴》 陈廷敬、徐乾学等奉旨编选，六十四卷。采集上起《左传》、下至宋代的优秀文章，选择辞义精纯、阐述六经者为正集，文辞瑰丽者为别集，诸子文章列其重要论述为外集。对所选文章都有详细夹注或批注，并搜集前人评语，慎重去取，训诂笺释精当谨严。

《皇清文颖》 陈廷敬奉旨编纂，共六十卷。收录清代皇帝、王公、大臣赋颂及诸体诗文，涉及的内容十分丰富，如政治、经济、军事、典章制度等，是研究清初历史文化的重要资料，不仅有较高的欣赏价值，也具有很高的史料价值。本书告成之后，陈廷敬正处于即将逝世前的大病之中，他不顾病重体衰，还亲自为康熙皇帝写了《皇清文颖进呈表》，由此可见陈廷敬为完成这些文化典籍所付出的辛勤劳动和献身精神。《皇清文颖》六十卷编成后，未及时刊印，雍正朝和乾隆朝又进行续编，断自乾隆九年（1744），共计一百卷。

陈廷敬编纂的文化典籍，在当时不仅加速了文化发展，促进了文化繁荣，而且推动了清王朝的汉化进程，为满汉文化的交融起到了重要作用。今天，这些文化典籍已经成为中华文化宝库中的重要遗产，成为研究清代文化历史不可或缺的重要资料。陈廷敬为我国的文化事业付出了毕生心血，他没有为儿孙留下更多的财产，却为中华民族留下了宝贵的精神财富。正所谓，全人自炳千秋史，清节惟余万卷书。

第四章

班联懿范

一路清廉

清康熙三十六年（1697）六月十一，康熙皇帝拿出一幅扇面，要陈廷敬为他在扇面上题诗。陈廷敬一看，扇面上画的是两只白鹭、一株青莲，就知道康熙皇帝是要提倡清廉的作风。因为两只白鹭谐音是路路，一株青莲谐音是清廉，合起来就是路路清廉。意思是要求朝廷官员一路一路都要保持清廉的作风。陈廷敬明白康熙皇帝的心思，欣然命笔，在康熙皇帝的画扇上题了诗：

> 殿阁微凉日，民岩顾念时。
> 画图皆善诱，簪绂有良规。
> 饮露心元洁，含香气未移。
> 年年凤池畔，圣泽本无私。

（陈廷敬：《午亭文编》卷十七）

"画图皆善诱，簪绂有良规。"意思是说，画图中的内容确实是循循善诱，教育官吏要时时遵守规矩。"饮露心元洁，含香气未移。"意思是说，白鹭每天饮用露水，它的心是多么清洁纯净，青莲所含有的香气不会轻易改变。教育官员要像白鹭和青莲一样，时时保持廉洁。

陈廷敬出身于士大夫之家，从小就受到了良好的教育。进入仕途后，他的父母经常告诫他不能有贪心。康熙元年（1662），陈廷敬回家探亲，这时他还是翰林院的一个小官，其父陈昌期了解了他为官的情况，说："汝清品正尔难得！"（陈廷敬：《午亭文编》卷二十）康熙四年（1665），陈廷敬还京赴任之时，母亲张氏为他整理行装，告诉他说："汝往哉！吾为汝娶妇嫁女，治装具，给资斧焉，慎毋爱官家一钱。"（陈廷敬：《午亭文编》卷四十六）他父亲的话对陈廷敬来说是鼓励，他母亲的话对陈廷敬来说是鞭策。自此，陈廷敬把父母的话牢牢记在心中，每想到父母的教诲，辄往往失声痛哭。到了晚年，他检点自己的一生，清廉自守，果然没有辜负父母的期望，于是他写诗道："不负当年过庭语，先公曾许是清官。"（陈廷敬：《午亭文编》卷二十）

他在倡导清廉吏治上，特别注意以身作则。他的清廉作风，在康熙时期是有口皆碑的。陈廷敬曾担任国子监的司业。国子监是国家的最高学府，国子监的最高长官叫祭酒，司业是副长官。原来国子监的学生入学，拜见国子监的长官，按例都要奉上礼品，长期以来形成了一条不成文的规矩。陈廷敬当了司业，毅然下令，自此之后学生不许再给长官送礼。

康熙二十三年（1684）四月，陈廷敬以吏部左侍郎管右侍郎事，督理京省钱法。他到宝泉局去接事，宝泉局是国家管理钱币的机构。陈廷敬和僚属给事中、监察御史、监督郎官说："此天下钱之所由出也。吾自矢不受一钱，愿与诸公同之。"（陈廷敬：《午亭文编》卷四十八）意思是说，这是发行钱币的地方，天下使用的钱币都是从这里出去的，我是决心不贪污一文钱，愿与各位共同遵守。然后，他还与大家共同对着青天白日起誓。宝泉局向来铸成新钱之后，都要向管钱法的官员进呈样钱，陈廷敬认为不合理，裁革了这一陋规。

数月以后，监督官员从废铜中拣得古钱数枚，拿给陈廷敬看，陈廷敬从中拣出一枚秦半两。秦半两是古钱币，秦朝时发行的。由于一枚钱有半两重，所以称为秦半两。监督官员告诉他说："人们常说，古钱币是吉祥物，请你把这一枚秦半两佩带在身上。"陈廷敬同意了。

又过了数月，陈廷敬升任左都御史，因都察院有公务，没时间到宝泉局。宝泉局吏员将铸就的新钱样品拿来，请陈廷敬验看。吏员解开绳子，把钱币乱放于席上，陈廷敬一一视看后，吏员又将钱币收起离去。后来陈廷敬发现，席上还留有一枚铜钱，他就将这枚铜钱收了起来。

一日早晨，他又到宝泉局理事，忽然想起来他与大家共同发誓的事情，想："吾誓不受一钱，前后取其钱二，其何以自明？"于是，他立即呼唤宝泉局的官吏前来，将前后所得二钱还给宝泉局，局吏拿着钱感叹而去。陈廷敬于是写了《二钱说》一文，用以时刻警诫自己。

陈廷敬曾经两次做户部尚书，户部尚书是管理国家财政的最高长官，他手握大权却能做到两袖清风，不贪一钱。史书记载他"两为大司农，处脂不染，清操肃然"。（陈康祺：《郎潜纪闻四笔》卷六）

他做吏部尚书的时候，选贤任能，积弊悉除，投机钻营者不得进。康熙二十六年（1687），陈廷敬五十大寿。有一个布政使，是省里管理民政、财政的官员，拿着千金为陈廷敬送寿礼，并且愿意投入陈廷敬门下做门生，但是他见不到陈廷敬，就一连数日守在陈廷敬家门旁边的一个佛寺中等待，趁夜间进入陈廷敬家中，长跪哀请。陈廷敬大怒，大声呵斥，将他赶了出去。过了几天，这个人就因不法被处分了。

陈廷敬始终保持清廉的作风，生活非常俭朴，虽然官至宰相，仍然很清贫。有一位故人的儿子叫乔德舆来京师求官，住在旅馆里，求官未得。陈廷敬就婉言劝他说："你不如回去吧。"乔公子说："我回去怎么生活呢？"陈廷敬说："你有先人留下来的房屋土地，还是可以过日子的。"乔公子觉得这样太清贫了。陈廷敬说："我在京城居住，常常记着唐朝诗人陆龟蒙说的'忍饥诵书，率常半饱'的话，这也是处贫之一法。"乔公子不高兴了，就顶撞陈廷敬说："天下难道有饿死的宰相吗？"陈廷敬不想多解释，只好笑而不答。陈廷敬的门人就称他为半饱居士，他于是写了《半饱居士诗》，说："我自长贫甘半饱。"

陈廷敬的话并非虚言，他在京为官五十余年，年老退休时整理行囊，并无值钱的物品，只有老屋数间，准备变卖之后归老。他已至七十四岁高龄，一生劳碌，无闲工夫，直到退休之后方有闲情外出郊游。但贵为宰相，出门竟无车坐，还要向翰林院修撰王式丹（字方若）借车，可见陈廷敬清贫到了什么程度。他还写诗给王式丹，非常风趣地说："闻有犊车好，从君借得无？""长可容藤杖，宽宜挂酒壶。"意思是说，听说你有一辆小牛车很漂亮，能不能借我用一用啊？虽不太长，但完全可以放下我的藤杖；虽不很宽，却正好适合挂下我的酒壶。这是一位安贫乐道的老人给我们留下的潇洒可爱的形象。

陈廷敬自奉极其简约，与叶方蔼租房为邻，所住房屋都破旧不堪。正值夏秋雨季，两人的住房都被大雨淋坏。陈廷敬是"夜半风雨至，屋漏成洪河"，叶方蔼是"昨夜栋忽折，殷殷南山雷"，二人无奈，只能互相写诗安慰。

陈廷敬饮食俭朴，无珍蔬膏粱，一冬只吃腌菜，自己还甚觉有味，曾赋诗曰：

> 残杯冷炙易酸辛，多少京华旅食人。
> 索莫一冬差有味，菜根占得菜花春。
>
> （陈廷敬：《午亭文编》卷十八）

这就是陈廷敬清贫生活的写照。

号称扬州八怪之一的文学家金农（1687—1763），在陈廷敬去世后十五年，仰慕陈廷敬的清德余风，写诗赞曰："独持清德道弥尊，半饱遗风在菜根。"（金农：《冬心先生诗集》）可见陈廷敬为官清廉不仅闻名于当世，而且远播于后代。

陈廷敬退休之后，因为大学士张玉书病逝，李光地告病，朝中无人执掌内阁，康熙皇帝下令让已经退休的陈廷敬奉旨重掌阁务。陈廷敬重掌阁务之后，典籍官按他的大学士官衔为他请俸，结果被他坚决制止了，所以他重掌内阁后并未享受在职官员的俸禄。他在诗中写道："莫以头衔涸大官，万钟一介要心安。"（陈廷敬：《午亭山人第二集》卷二）意思是说，他自己已经退休，享有优厚的待遇，不能再以大学士的头衔领取俸禄，只有这样才能心安。实际上，他既奉旨重掌阁务，用现在的话说叫返聘，是完全应该享受大学士官俸的。

陈廷敬不仅自己洁身自好，而且特别注重教育家人后辈保持清廉之风。他的弟弟陈廷弼出任临湘知县，他写诗嘱咐曰："宦途怜小弟，慎莫爱轻肥。"（陈廷敬：《午亭文编》卷十四）意思是说，小弟在宦途中，千万要谨慎，切莫爱轻裘肥马，要其保持俭朴的作风。他还常教导儿子陈壮履，有诗曰："更得一言牢记取，养心寡欲是良规。"（陈廷敬：《午亭文编》卷十八）也是要求儿子清心寡欲，克己自守。他的次子陈豫朋在关陇间做地方官达六七年之久，颇有政绩，清名远扬。他在豫朋回京之日，高兴地写诗勉励道："敝裘羸马霜天路，赖汝清名到处传。"（陈廷敬：《午亭山人第二集》卷二）

在陈廷敬重掌阁务期间，其弟陈廷弼官任广东粮驿巡道，被人参讦（jié）为贪黩。遇到这样的事，陈廷敬大权在握，不难摆平。但职握枢机的陈廷敬闻讯后，根本未考虑也不考虑如何为其弟开脱，而是日夜惊恐，感慨万端，写诗告诫子孙：

> 岂因宝玉厌饥寒，愁病如予哪自宽？
> 憔悴不堪清镜照，龙钟留与万人看。
> 囊如脱叶风前尽，枕伴栖乌夜未安。
> 凭寄吾宗诸子姓，清贫耐得始求官。

（陈廷敬：《午亭山人第二集》卷二）

"凭寄吾宗诸子姓，清贫耐得始求官"，他告诫陈氏家族的子孙，如果能耐得清贫，方可求官做；如果耐不得清贫，不可求官，一旦做了官必然要贪污受贿，触犯法律。这句话，实际上也是陈廷敬一生始终奉行的信条。

史书对陈廷敬评价说："清廉虽不足以尽公，而略举数端，已足媲美杨震、邓攸无惭色矣。"（陈康祺：《郎潜纪闻四笔》卷六）意思是说，仅仅清廉这一个方面是无法涵盖陈廷敬的，仅从几件事情就已经说明陈廷敬足以媲美古代的清官杨震、邓攸，并且毫不逊色。杨震是东汉时期的著名清官，邓攸是东晋时期的著名清官。杨震"四知"的故事很有名。他曾举荐王密当县令，王密就送十斤黄金给他，并且说深夜无人知道。杨震说："天知，神知，我知，子知。何谓无知！"《郎潜纪闻》对陈廷敬的评价，足以说明陈廷敬当时清廉的名声影响之大。

○
○

三字箴言

陈廷敬的为官之道是：清、慎、勤。这三个字，是他一生始终遵循的三字箴言。康熙皇帝喜欢写字，常写"清慎勤"三个字赐给大臣，要求大臣按这三个字去做。这三个字说起来很容易，做起来却很难，很多人都做不到，但是陈廷敬做到了。在陈廷敬去世之后，康熙皇帝评价陈廷敬说："恪慎清勤，始终一节。"（李元度：《国朝先正事略·陈文贞公事略》）意思是说，陈廷敬一生谨慎、清廉、勤政，自始至终都是这样，从来没有改变过。

首先说"清"字。

陈廷敬的清廉，在康熙朝是非常特出的。康熙皇帝深知陈廷敬的清正廉洁。《清史稿》的宰辅列传论赞说："朝旨所褒许，于玉书则曰'小心'，于天馥则曰'勤慎'，英

康熙皇帝御书：清慎勤

曰'忠纯'，琠曰'宽厚'，廷敬曰'清勤'。"意思是说，康熙皇帝对当朝的宰相都有所褒奖和称赞。张玉书，是江苏丹徒人，康熙皇帝称赞他"小心"；李天馥，是安徽合肥人，康熙皇帝称赞他"勤慎"；张英，是安徽桐城人，康熙皇帝称赞他"忠纯"；吴琠，是山西沁州人，康熙皇帝称赞他"宽厚"；陈廷敬，泽州相国，康熙皇帝称赞他"清勤"。

从这里可以看出来，康熙朝这五位主要宰相，康熙皇帝都一一做过评价，另外的四位宰相，没有一个被康熙皇帝称赞为"清"的，只有陈廷敬一个人称得上"清"字，说明陈廷敬一生清廉，难能可贵，在康熙朝确实是首屈一指。

其次说"慎"字。

慎的意思是做事认真负责，小心谨慎，一丝不苟。"慎"有小心谨慎的意思，但不能误认为是胆小怕事。

陈廷敬于康熙三十年（1691）六月任刑部尚书，就对刑部存在的一些弊病和刑部官员存在的问题，进行了深入详细的了解，并且对症下药撰写了《刑部堂谕》，严饬所属。刑部机构比较庞大，职官总数多达四百多人。因此，陈廷敬所发布的堂谕，首先针对刑部官员的问题，提出了"刑官之要"四条：

一要格非心。刑部掌管刑法，事关犯人的生死存亡、骨肉分离，所以作为刑官，必须"上体圣主好生之德，下尽人臣奉法之心"，匡正一切邪念，认真了解案情，研究案情，唯恐对案件的处理未得尽善。更不得行之以私心，对犯人妄加戮辱。严禁"枉法行私，招摇纳贿"。

二要审律例。犯罪有轻重大小，唯凭此一定之律进行分析判决。所以要求刑官对案件的判决必须具稿说堂（写出稿件，在堂上陈述理由，堂官参与讨论定夺），根据律例细加详酌，不可草率。并规定了办案期限，要求满汉司官共同画押，方可定案。

三要清堂规。要求刑官，凡急公办事，必须井井有条，上下整肃。凡办事说堂，必须大公无私，同心协力。说堂者必须尽情剖白，听闻者亦不至耳目混淆。自后遇说堂时，必挨次定规。当系某司说堂，则某司官员上堂定稿，不可多带无关人役，挤满公堂，全无体统。

四要惩猾吏。凡是到本部投告之人，如果没有花钱买通衙役，虽有沉冤，也难以达于官长。有人到本部办理投文领批等事，衙役都要索取钱财。至于重监罪犯，于入监之时，必厚赠牢头及众禁卒，遂得宽松。牢头禁卒，见罪犯有体统，便巴结以图赏赐；见罪犯贫苦，必欺诈勒索。部属的文书吏员，初入衙门时贫苦异常，受贿行私半年数月之后，便猖獗招摇。堂办、火房、书吏、皂役等交通各司，干预办案，在外招摇。所有这些奸猾役吏，必须依法严加惩处，决不宽贷。

陈廷敬在这一堂谕中，事无巨细，陈述了刑部官员的任职状态，详细地指出了刑部各司在审禁犯人中存在的诸多弊病，尤其是对奸猾役吏制定了明确严厉的惩处措施，体现出他求实、谨慎、负责、敬业的为官精神。

陈廷敬对于朝廷政事，认真负责，谨慎有加，但又极讲原则，绝不怕事。比如，康熙二十九年（1690），康熙皇帝下旨命大臣举荐清廉的官员，陈廷敬认为灵寿知县陆陇其廉且贤，清苑知县邵嗣尧廉而刚，写好奏疏置于袍袖之中。五月初一，康熙皇帝临朝，大臣刚进朝门，陈廷敬一迈上阶梯，康熙皇帝就注目陈廷敬。等班次站定之后，康熙皇帝又数次注目陈廷敬，好像是让陈廷敬说话。陈廷敬想，自己是左都御史，论次序在六部尚书的后面，康熙皇帝没有明令让自己说话，还是按次序来吧。六部尚书开始举荐，康熙皇帝没等六部尚书说完，就直接问陈廷敬："究竟谁是清官？"陈廷敬早有准备，上奏举荐了陆陇其、邵嗣尧两位知县，说："知县陆陇其、邵嗣尧皆天下清官，虽治状不同，其廉则一。"康熙皇帝后来就把这两人升为御史。

陆陇其，字稼书，浙江平湖人，康熙九年（1670）进士。康熙十四年（1675）四月授嘉定（今属上海市）知县，到任后抑制豪强，整顿胥役，自奉俭朴，以德教化百姓，深受乡民爱戴。离任时只带几卷图书和妻子的织布机，民众数千人扶老携幼攀辕泣留。康熙二十二年（1683）授直隶灵寿（今属河北省石家庄市）知县。灵寿土地贫瘠，百姓贫困，劳役繁多，而民俗轻薄。陆陇其轻徭薄赋，疏解民困，并实行乡约制度，反复教育百姓，务必去除好斗轻生的习俗。

邵嗣尧，字子昆，山西猗氏县（今山西临猗县）人，与陆陇其为同年进士。授山东临淄县（今山东淄博市临淄区）知县，以清廉慈惠著称。康熙十九年（1680）补直隶柏乡（今属河北省邢台市）知县。在任兴修水利，减轻赋税，禁止差役扰民。时大学士魏裔介为会试座师，其家人犯法，邵嗣尧严惩不贷。旗丁仗势犯法，邵嗣尧不为所动，依法系狱论罪。大盗杀人于县界，立刻抓捕惩办。后遭人诬陷，以滥用酷刑被夺职。尚书魏象枢巡视，百姓为他申诉，才得以昭雪，补直隶清苑（今河北省保定市清苑区）知县，更加感奋自励，屡断疑狱，人们把他比作宋代包孝肃（包拯）。

在此之前，陈廷敬准备举荐陆陇其和邵嗣尧的时候，陈廷敬的朋友曾经劝陈廷敬说，陆陇其和邵嗣尧这两个人太过刚直，太过刚直的人容易败折，并且招怨，难免出事，恐怕将来会连累你。陈廷敬听了，不以为然，说道："果贤欤，虽折且怨，庸何伤！"（《清史稿》卷二六七）意思是说，如果真的是贤才，即使易折招怨，又有什么伤害！他不听朋友劝告，照样举荐了这两个人。这说明陈廷敬不是胆小怕事的人，不是只为自己的安危考虑的人，他做事情总是把原则放在首位。

据李光地记载，高士奇心狭量窄，又颇多心计，得志便猖狂。翰林学士潘耒、朱彝尊都是著名的文学家，康熙二十三年（1684）在南书房入直之时，因与高士奇谈论诗文时发生争执，高士奇便怀恨在心。一日，他对陈廷敬说："如此等辈，岂独不可近君，连翰林如何做得？"希望得到陈廷敬的附和，但陈廷敬深知高士奇人品低劣，针锋相对地驳斥说："如此等人做不得翰林，还有何人可做？"又说，潘耒虽然年轻一些，而朱彝尊则是老成人。高士奇本为监生出身，入考时为陈廷敬所取，故对陈廷敬有老师之称。但听到陈廷敬称赞朱彝尊是老成人时，"便无复师生礼，忿然作色曰：'什么老成人！'将手炉竟掷于地，大声曰：'似此等，还说他老成人，我断不饶他！'"对于高士奇的狂妄无礼，陈廷敬气愤至极，数日不入南书房，直到康熙皇帝询问，又派遣侍卫招呼，方才入南书房。高士奇因推荐郭棻为学士，而郭棻未给他送礼，高士奇又对陈廷敬说："郭棻如何去得？"是说要把郭棻（fēn）排挤出去。郭棻是直隶清苑（今属河北省）人，顺治九年（1652）进士，善文工书。陈廷敬说："北方如此人，还算好的！"高士奇又忿然说："渠之得为学士，谁之力也？皆予为之左右，得至于此，从来不曾见他一匹缎、一支铜杯，这样的人还说他好？"（李光地：《榕村语录续集》卷十四）不久，三人果然皆被他驱逐出去，嚣张气焰可见一斑。其时，高士奇职司翰林院侍讲学士，官不过从四品，竟然如此张狂，凭借的是康熙皇帝对他的恩宠。因此，陈廷敬虽然力主正义，但对康熙皇帝的宠臣也只能无可奈何。

陈廷敬不喜吹牛拍马，对康熙皇帝也不例外。康熙二十九年（1690）二月，陈廷敬再起，被特旨补为都察院左都御史。他发现言官奏事，在奏章中连篇累牍地歌颂皇帝，认为这是一种不好的文风，所以他要求言官上疏不要一味赞颂皇帝。四月十一，他在《直陈言官建白疏》中说，言官的赞颂"既不足以扬盛美于万一，而于言事之体有不当然者"。意思是说，皇帝的功德记载在史书上，言官的赞颂并不能增加皇帝的功德，反而不符合奏章的体裁要求。他又说，皇帝日理万机，这样的文章冗沓繁芜，看起来耽误时间。总之，不主张言官在奏章中大量写歌颂皇帝的言辞。

康熙皇帝虽然是个很开明的皇帝，但也喜欢听歌颂之辞。尽管这些歌颂之辞毫无用处，看起来无端浪费时间，但他还是愿意听，愿意看。因此陈廷敬上了这一道奏章之后，康熙皇帝很不高兴，下旨驳斥。伴君如伴虎，陈廷敬没想到这一条意见，皇帝竟听不进去。面对皇帝的驳斥，他着实很吃惊。半年之后他曾向御史陆陇其提起此事，说："言职之难，当郑重。今年春，章奏不宜专赞颂一疏，欲先探皇上之心而后尽言，竟不见合，可见其难。"（陆陇其：《三鱼堂日记》卷下）但他还是认为自己的观点对，堂而皇之地将这篇文章收入自己的文集中。这说明陈廷敬是有观点、有棱角的人，刚直不阿，对皇帝也是如此，这种品德太难得、太崇高了。

举荐贤才，不计个人得失；主持公正，不惧嚣张气焰；上疏建言，不惜犯颜直谏。陈廷敬兼而有之，诚属难能可贵。李光地曾经批评陈廷敬说："大约泽州是钱塘黄机、汉阳吴正治辈，但知趋避，自为离事自全。"（李光地：《榕村语录续集》卷十四）黄机、吴正治都是顺治、康熙时期的大臣，皆官至大学士。《清史稿》说黄机"老成忠厚"，吴正治"守成法，识大体"，这一点与"慎守无过"的陈廷敬颇为相似。但是把陈廷敬的"慎守无过",仅仅归结为"但知趋避","离事自全",也未必恰当。

最后说"勤"字。

在康熙朝,陈廷敬不仅担任部院大臣、宰辅大臣等重要职务,而且还有很多兼职。他兼任修书总裁,要常年为国家编书;他还兼任经筵讲官,要经常为皇帝讲解经史;他还兼任南书房大臣,要常常陪伴康熙皇帝讨论学问,探讨政事。这就注定了陈廷敬非常繁忙,应接不暇。但他做事非常勤恳,认真细致,从不偷懒,是勤政的典范。

康熙皇帝让陈廷敬管理户部钱法,是因为国家的钱法出了问题,同时户部在钱法方面有很多积弊,单铸钱一项,就存在严重的浮冒现象。比如,铸钱需要用多少铜,用多少工匠,给多少工钱,用多少辅料,都有浮冒。也就是上报的多,实际用的少,官员以此中饱私囊。

陈廷敬为查清钱法方面的积弊、减少工料浮冒,亲自带着稽查科道和监督官员等,来到宝泉局,新开一炉,看铸三次,根据实际铸造钱币的情况定出耗工耗料的标准,一一上奏皇帝,永为定式。

1.核定耗铜份额

旧例,每鼓铸铜一百斤,折耗铜十二斤,净铜八十八斤,得钱十串零五十七文。陈廷敬会同科道监督,于衙门前别造一炉,看铸三次,每铜一百斤折耗十二斤、九斤、八斤不等,并无一定之数,皆由铜的好坏来定。原来每百斤折耗铜十二斤,殊属浮多。平均折算,每铜百斤准折耗九斤，核减三斤。这样一年用铜共二百六十九万二千三百零九斤六两，节省铜八万零七百六十九斤四两，可以多铸钱九千二百三十串零七百六十九文，相当于节省了九千二百三十两银子。

2.核定工匠工钱

铸钱需要很多工匠，这些工匠的工钱多虚报浮冒。陈廷敬通过现场观察，根据实际工作量核定了工匠的工钱，革除了浮冒虚报的现象。旧例，每鼓铸铜百斤，匠工钱一千四百九十文，每日只铸铜一百斤，所给工价浮多。现经过实验，一日可铸铜二三百斤，则所给匠工钱应行核减：

化铜工匠一名，工钱一百八十文，减六十文，给一百二十文。

造钱样（钱样是铸钱用的模型）工匠二名，工钱二百五十文，减七十文，给一百八十文。

杂作工匠二名，工钱一百九十文，减七十文，给一百二十文。

刷灰工匠一名，工钱一百文，减三十五文，给六十五文。

锉边（铸出的新钱边上不光滑，需要锉光滑）工匠一名，工钱一百文，减三十文，给七十文。

滚边（锉边之后进一步打磨叫滚边）工匠一名，工钱八十文，减十五文，给六十五文。

磨洗工匠二名，工钱三百文，减四十文，给二百六十文。

细钱匠一名，工钱六十文，减二十五文，给三十五文。

此八项工匠之外，又匠头二名，所给工钱一百四十文。此二名匠头，只买各匠役食料送入局内，及雇募各项匠役，并非铸造之人，所给钱一百四十文，浮冒太多。此匠头二名，每人给钱八十文，减六十文。

炉头工原给九十文，减三十文，给六十文。

以上工匠共减钱四百三十五文，每年共减钱一万一千七百一十一串五百四十四文，相当于节省一万一千七百一十一两银子。

3.核定物料价钱

旧例，鼓铸铜百斤，用物料钱一千二百零五文。经过试验，每铸铜一百斤之物料，可铸二百斤。前所给价值浮多，亦应核减：

每化铜百斤，用煤一百五十斤，每斤算钱四文，共用钱六百文。每炉终日烧煤不过三百斤，可化铜三四百斤，则每铜百斤用煤一百五十斤太多，且价格浮冒。减五十斤，给一百斤。每斤减钱半文，给钱三文半，共减钱二百五十文，给三百五十文。

化铜用罐四个，每个用钱八十文，共用钱三百二十文。现在每罐减钱二十文，给钱六十文，共减钱八十文，给二百四十文。

木炭钱五十五文，计时价可买炭十斤有余。木炭仅用来引火及磨面撒沙模之用，减钱十五文，给四十文。

盐钱六十文，计时价可买盐六斤。盐用于初化铜时，已经化过的铜，再化时并不用盐。其六斤太多，减钱四十文，给二十文。

造钱样所用黄沙六十文。用沙虽多，但用过的沙还可再用，只需增添一些就行了，其六十文稍浮，减钱十文，给五十文。

又每铜百斤铸钱七串有余，解送户部，给车脚钱五十文。宝泉局距户部不过六七里，运七串钱，用车脚钱五十文太浮，减钱二十五文。

串钱绳，每十串钱，用串绳钱六十文，亦多，减钱二十文，给四十文。

以上物料共减钱四百四十文，每年共减钱一万一千八百四十六串一百五十九文。相当于节省一万一千八百四十六两银子。

以上三项每年总共节省三万二千七百八十七两银子，这是一笔惊人的数字。户部是管理国家财政的衙门，单铸钱一项，每年就有三万二千多两银子的浮冒。由此可以看到，陈廷敬对于自己的职责所在是多么勤勉，细致入微，一丝不苟。同时也可以想见，他做到这一步需要付出多少辛勤的劳动。

康熙二十三年（1684），陈廷敬就任都察院左都御史，京畿重地"盗窃公行，居民不得安静"（《康熙起居注·二十三年十二月十二》），但关于由哪一部门主管此事，朝内意见不一。于是陈廷敬自告奋勇，上奏皇帝说：巡捕营缉拿罪犯的差役，未必能尽得其用。都察院下属的五城御史，手下的衙役甚少，无济于事。如果能让五城御史兼辖巡捕营的差役，由臣严加整饬，察拿盗贼，可使人人各尽其力。最后康熙帝同意了他的意见。

此事决定之后，陈廷敬对北京城内的"地方民生利弊，莫不留心访察"，结果发现存在的问题很多，便亲自撰写了《严饬禁剔病民十大弊，以靖地方、以安民生事》，作为都察院的堂示（即布告），于康熙二十四年（1685）八月予以发布。他所列举的"十大弊"，既包括盗窃、抄抢等刑事犯罪，也包括赌博等社会不良习俗和民事纠纷；既涉及民间犯罪，也涉及官吏的不良作风。尤其是对地方官吏的种种不法行为，堂示中揭示甚详，有关衙门胥吏的就有两弊：

其一，禁诬扳。陈廷敬指出，每遇地方出事，衙门的差役捕快四出擒拿，得到一个嫌犯，便不问真假，先以严刑拷打，然后授意妄加诬扳。嫌犯无奈，只好供出良民。差役捕快便纠集党徒前去捉拿，闯入民户，掠其资财，辱其妻女，任意诬陷。真正的盗贼逍遥法外，良民百姓反而遭受了极大的祸殃。陈廷敬气愤地指出："肆毒若斯，真堪发指！"

其二，禁蠹役。陈廷敬指出，社会上作恶多端的"积习巨猾"，必借衙门为护身符。一些衙门里的番役捕快，多年盘踞衙门，都成了大奸大害，贼盗"依此辈为泰山"，小民"畏此辈如猛虎"，"凡盗窝盗线，城市多事，莫不由此辈而生。"他强调，以后如有此辈凭空生事，其上级官员不严查拿究，"即行从重参处，决不姑纵"。

陈廷敬把一些有关缉盗的衙门和人员的诬良民为盗、严刑逼供、任意株连、趁机抢掠的种种不法行为，揭示得非常彻底，从而抓住了京城盗贼横行的根本原因。揭示这些弊端，是陈廷敬认真仔细调查的结果，是他一贯勤政务实作风的具体体现。

陈廷敬认为所列的十大弊，对良民百姓危害极大，所以称为"病民十大弊"，必须"严饬禁剔"，故在堂示的最后严厉指出："以上十条，法在必行。该地方官不行严察禁除，仍蹈前辙者，或经本院访闻，或经被害首告，一有发觉，官则特简题参，蠹棍立正大典。"体现了他一贯利国得民的思想和疾恶如仇、执法如山、雷厉风行的办事风格。

康熙二十六年（1687）二月，陈廷敬刚升任户部尚书，就发现户部的司官办事敷衍塞责，玩忽职守，草率从事，司官呈堂的文件不按规定认真画押，部堂批驳的案件也不查前案情节明白回复。于是他撰写户部堂谕，说："本部总理天下钱粮，关系甚重，设司分掌，责有攸归。"他要求，从此以后，各司必须认真办事，仍有漫不经心者，定行查究。陈廷敬就是这样，做事勤勉认真，一发现问题便立即想方设法纠正，绝不拖延，直到彻底解决为止。

康熙四十二年（1703）四月，陈廷敬升任大学士，每天要辅佐皇帝办理政务。内外大臣有关政治、军事、经济、文化以及人事等方面具体事件的奏折非常多，每件奏折都需要大学士先行阅读，拟定处理意见，称为"票签"。经皇帝退回的"票签"，需要大学士再以折本请旨。经皇帝朱批的奏折，还需要内阁下发办理。除此之外，皇帝还经常召见他们共商国是，因此大学士的工作非常忙碌。前后同朝的大学士，陈廷敬是唯一入直南书房的大臣，所以他比其他大学士还要繁忙，还必须到南书房看密折，拟密旨，受皇帝咨询，审阅书稿。退休之后仅半年时间，他就奉命再次入阁办事，直到病重不起，他还在卧榻上撰写《〈皇清文颖〉告成进呈表》，上奏皇帝。陈廷敬以古稀高龄衰迈之身，承担如此繁重的工作，难免不堪重负，积劳成疾。

陈廷敬之所以能够成为康熙皇帝心目中最可信赖、最为倚重的大臣，靠的不是花言巧语，不是吹牛拍马。事实上他性格内向，不善多言，不苟言笑。他主张用身言，不用舌言，靠的是始终默默地奉行着"清慎勤"三字箴言，因而被康熙皇帝誉为"恪慎清勤，始终一节"，可谓达到了封建社会人臣的最高境界。

宦海惊涛

陈廷敬在宦途生涯中，尽管以清廉著称，但还是经历了一次重大的挫折，那就是发生在康熙年间震动朝野的张汧（qiān）贪黩案，陈廷敬因为和张汧是亲家而受到了牵连。

张汧，字蕙（huì）蟪（yè），号壶阳，山西高平人，顺治三年（1646）进士。由翰林改礼部的下属官员，历任江西、河南、福建、浙江、直隶、陕西粮盐道，后升贵州按察使、福建布政使。工书法，有文名，著有《壶阳集》。陈廷敬是顺治十五年（1658）进士，比张汧晚四科。张汧和陈廷敬既是同乡，又是同僚，由于这样的关系，陈廷敬的次女嫁给了张汧的儿子拔贡张�（qí），二人结成了儿女亲家。

张汧在官场上处事，和陈廷敬迥然不同。史称陈廷敬"甘心自下"，从不和人争高低，更不攀附权贵，在历史资料中根本找不到他结交权贵的蛛丝马迹。张汧则喜欢攀附权贵，他巴结当时权倾一朝的宰相明珠，和明珠的关系非常密切，《清史稿》多处记载张汧是权相明珠的私人。张汧官至福建布政使，是总管一省民政、财政的官员，由权相明珠荐引任湖广巡抚，成为一省的最高军政长官。

同时，湖广按察使张仲举升任福建巡抚。张仲举，汉军镶红旗人，由笔帖式（清代部院衙门的文书档案官员）任通政司知事，历泉州府（今福建省泉州市）知府、兴（兴化府）泉（泉州府）道，擢江西按察使，迁山东按察使、湖广布政使。

张汧在福建布政使任上亏损库银三十余万两。张仲举在湖广亦亏损库银。张汧与张仲举都是布政使，都亏空了库银，又互换了地方，同时升为巡抚，于是他两人便暗中相约，互相弥补对方亏空的库银。张汧到了湖广巡抚任上，为了弥补库银亏空，立即设法敛财，凡是可以搜括钱财的地方都不放过，盐商、钱局、码头都要搜括，甚至市场上的招牌，都要按数派钱。并且借口前任亏空，勒索下属官员出银抵补，搞得官员和商人都怨声载道。

张汧属下的荆南道道台祖泽深，为人狡恶横暴，所到之处竭泽而渔，搜刮殆尽。

祖泽深为荆南道道台，素有贪婪之名。巡抚张汧便借故向祖泽深敲诈，索银一万两。祖泽深凭借自己的后台是大学士余国柱，又对皇帝的近臣高士奇有恩，有恃无恐，拒绝了张汧的勒索，张汧便怀恨在心。一日，张汧宴请总督徐国相，饮酒至半酣，屏去左右密语。此时，宴席间侑酒助兴的戏子皆退出，只有一个旦儿（扮演旦角的男戏子），因病卧于戏箱中，不能起身。同伴于匆忙之际，只好合上戏箱的盖子自己离去了。巡抚张汧与总督徐国相密谋弹劾祖泽深，历数祖泽深贪赃徇私的证据，结果被卧于戏箱中的旦儿全部听到。恰巧这个旦儿是祖泽深的男宠，和祖泽深的关系非常密切，他就立即把这件事告诉了祖泽深。祖泽深急忙派人揭发张汧贪赃，并且写信让高士奇和徐乾学为之周旋。高士奇和徐乾学先把祖泽深揭发张汧的事报告了皇帝，过了半个月之后，张汧弹劾祖泽深的奏疏才到，这样就形成了巡抚、道台互相攻击揭发的局面。

案发之后，康熙皇帝非常重视，因为张汧是湖广巡抚，是管理一省军政的方面大员，他既然参劾祖泽深贪赃，朝廷就要立案审理。祖泽深虽然也参劾了张汧，但因为祖泽深官小，参的是巡抚，对于一个巡抚，不可能有人参劾就随意立案审理。因此，康熙皇帝命户部侍郎色楞额为钦差大臣，到湖广查审，第一项任务是要审清祖泽深贪赃的事实，第二项任务是要在暗中秘密察访张汧有无秽迹。

荆南道道台祖泽深与上层交往甚广，而且以大学士余国柱为后台。余国柱是湖北人，官至武英殿大学士，与权相明珠勾结，人称"余秦桧"，可见其人品低劣。色楞额要去湖广审案，大学士余国柱嘱咐色楞额徇庇祖泽深。色楞额到湖广之后，又接受了张汧的贿赂，回来之后，百般为张汧和祖泽深开脱，隐瞒真情，欺罔不报，掩盖了二人的贪赃情事，一桩大案就这样消弭于无形。

湖广巡抚张汧，是大学士明珠的私人，这是众所周知的事。他恃势贪暴，言官慑于明珠的权势，没有人敢站出来说话。这时有一个御史名叫陈紫芝，字非园，浙江鄞（yín）县人，康熙十八年（1679）的翰林。此人正直敢言，他气愤不过，就站出来说话了。

康熙二十六年（1687）十二月十八，康熙皇帝在乾清宫听政，陈紫芝上疏参劾湖广巡抚张汧贪赃，侍郎色楞额初案不实。他说："汧莅任未久，黩货多端，凡地方盐引、钱局、船埠（bù），靡不搜括，甚至汉口市肆招牌，亦按数派钱。当日保举之人，必有贿嘱情弊，请一并敕部论罪。"（《清史稿》卷二八二）陈紫芝参了两条：第一条，张汧贪黩多端；第二条，将保举张汧之人论罪。康熙皇帝接到陈紫芝的奏章，问曰："张汧居官何如？"吏部尚书陈廷敬回奏曰："张汧系臣同乡亲戚，性行向来乖戾。"（《康熙起居注·二十六年十二月十八》）后来康熙皇帝又说："张汧

大贪大恶，只以恃财横行，无人敢言。陈紫芝独能弹劾，甚为可喜。"（《康熙起居注·二十六年十二月十八》）立即下命令将张汧革职拿问，并且派出三名钦差——直隶巡抚于成龙、山西巡抚马齐、副都御史开音布，一齐前往湖广会审。临行之时，康熙皇帝又吩咐于成龙、马齐、开音布说："尔等往审此事，须就款鞠问，不可蔓延。若蔓延，则牵累者多矣。倘有别事，尔等记来密奏。"（《康熙起居注·二十七年四月二十七》）

这里所说的于成龙并非号称"一代廉吏"的于成龙。一代廉吏于成龙是山西永宁州（治所在今山西吕梁市离石区）人，字北溟，已经在康熙二十三年（1684）故去。这一位于成龙，比山西于成龙年龄小，字振甲，是汉军镶黄旗人，也是著名的廉吏。康熙十八年（1679），山西于成龙任直隶巡抚，汉军于成龙任通州知州。山西于成龙对汉军于成龙赏识有加。山西于成龙升任两江总督，上疏向皇帝推荐了汉军于成龙。康熙二十五年（1686）二月，汉军于成龙也升到直隶巡抚。马齐，富察氏，满洲镶黄旗人，康熙二十四年（1685）任山西布政使，升为山西巡抚。开音布，西林觉罗氏，满洲正白旗人，任左副都御史，是都察院的副长官。这三位钦差大臣，两位是巡抚，一位是副都御史，并且马齐、开音布都是满人。于成龙虽不是满人，却是汉军旗人，身份非同一般。三人又以清廉著名。这是针对湖广巡抚张汧的身份去的。

三位钦差到了湖广，将张汧和祖泽深革职拿问，查出来张汧和祖泽深的贪污俱是事实，并且查出了祖泽深结交大学士余国柱，余国柱嘱咐户部侍郎色楞额庇护祖泽深及张汧曾经派人赴京行贿的事实。

于成龙、马齐、开音布三位钦差审问张汧时，因为张汧曾经派人带着银子赴京，所以要追究张汧向何人行贿。张汧开始供认，所行贿的人甚多，不能够全部数出来。后来又交出了与高士奇、徐乾学、陈廷敬来往的书信，说："予已老，为布政足矣，岂敢妄意巡抚？无奈诸公督促之，云若不为巡抚，岂独无布政，且不免祸。今其书俱在也。"（李光地：《榕村续语录》卷十四）意思是说，我已经年老了，当一个布政使就心满意足了，根本就没有想做巡抚的意思，是高士奇、徐乾学、陈廷敬这三个人鼓动我做巡抚，说如果不做巡抚，不仅做不成布政使，而且不能免祸。于是，于成龙等将各人给张汧的信件带来交予皇上。

康熙二十七年（1688）四月，康熙帝下旨："张汧、祖泽深皆系贪官，著依议完结。至保举张汧之官，俱议革职。"（《康熙起居注·二十七年四月二十七》）这样，湖广巡抚张汧因"借口前任亏空，勒索属员出银抵补，又派收盐商银，共贪污银九万余两"，荆南道道台祖泽深因"勒索百姓银八百两入己"，均被判处绞刑。侍郎色楞额因"查审张汧、祖泽深案时徇情失实"，被判处斩刑。以前保举张汧为巡抚的官员，有侍郎王遵训、学士卢琦、大理寺丞任辰旦，皆革去官职。张汧的贪黩案完结了，至于高士奇、徐乾学、陈廷敬三人与张汧有书信往来的事，康熙皇帝认为只是书信往来，并非实据，不必追究。康熙皇帝说："不欲此事蔓延者，诚恐牵累众人，实非偏徇。"（《康熙起居注·二十七年四月二十七》）事实上，康熙皇帝不让深究此事，是为了保护徐、高和陈廷敬。因为这三人都是南书房大臣，学问和文章都很特出，历来受到康熙皇帝的赏识和器重，所以康熙皇帝曲予保全。

徐乾学为了开托自己，便贿赂康熙皇帝左右的人，借他们的口向康熙皇帝进言说："张汧用银，又有送银子者，陈廷敬也；收银子者，高士奇也。与徐乾学实无涉。"（李光地：《榕村续语录》卷十四）徐乾学把自己推得一干二净，实际上明眼人一看，这句话简直就是此地无银三百两。试想，如果这件事真的与徐乾学无关，他怎么能知道这件事的机密，怎么能知道为张汧送银子的是陈廷敬，收银子的是高士奇？这恰恰说明这件事与徐乾学脱不开干系。事实上，是徐乾学向张汧要银子，后来张汧的银子不凑手，徐乾学又命人参劾张汧，翻手为云、覆手为雨的不是别人，而是徐乾学。

这时，兵部尚书张玉书乘机落井下石。张玉书，字素存，江苏丹徒人，是清顺治十六年（1659）进士，比陈廷敬晚一年，资历与陈廷敬相近。陈廷敬此时是吏部尚书，张玉书是兵部尚书，虽然说官阶相等，但六部的排位，吏部尚书是天官，户部尚书是地官，然后礼、兵、刑、工四部尚书分别以春夏秋冬为序，称为春官、夏官、秋官、冬官。这样陈廷敬在六部尚书中是吏部天官，居于首位，张玉书是兵部夏官，在六部尚书中居于第四位，远在陈廷敬之后。他看到陈廷敬卷入了亲家张汧的案件中，觉得有机可乘，为了扫清自己升官的道路，立即叫来在都察院任御史的门生，上奏参劾，说："张汧有亲戚在京为之营办，宜穷治！"这亲戚就是指陈廷敬，穷治就是说要把这件事追究到底。

李光地说："楚抚狱起，忌者以公有姻牵连，中公，钩致卒无所得。"（李光地：《说岩陈公墓志铭》）意思是说，湖广巡抚张汧案发生之后，嫉妒陈廷敬的人以陈廷敬和张汧有姻亲关系而攻击陈廷敬，钩连罗织，终无所获。

陈廷敬在这次案件中受到了牵连，虽然没有什么实质性事实，但他身为吏部尚书，身居高位，遇到了这样的事，只好引咎辞职。他就向康熙皇帝上疏，说自己历来谨慎奉职，不徇亲党，不阿友朋，上恐辜圣主之殊恩，下欲全微臣之小节，没想到张汧一案，飞语中伤。他对这件事做了解释，他说，假如我对张汧有徇私情弊，张汧必然对我感恩，怎么会扳连我呢？他说："汧虽臣戚，泾渭自分，嫌疑之际，尤臣所慎。"（陈廷敬：《午亭文编》卷三十一）意思是说，我虽然和张汧是亲戚，但泾河之水是清澈的，渭河之水是浑浊的，自古以来就不一样。我既然受到了嫌疑，所以要更加谨慎，辞职闭门思过。他又说，自从被诬陷以来，"神志摧沮，事多健忘，奏对之顷，失其常度"（陈廷敬：《午亭文编》卷三十一）。因此他请求隐退田园。对此，康熙帝传旨："据奏，情词恳切，著以原官解任。其修书总裁等

项，著照旧管理。"（《康熙起居注·二十七年五月初六》）

同时，徐乾学和高士奇也上疏辞职，一齐被解任。但康熙皇帝没有让他们回籍，因为陈廷敬、徐乾学、高士奇这几个人除了本身所任的正式职务外，还有兼职，主要兼职是修书和南书房行走。康熙皇帝要他们留京继续修书，继续入直南书房。他们仍然保留着原来的官职品级，仍然可以在南书房接近皇帝。

由于康熙皇帝的曲予保全，不同意对徐、高、陈廷敬三人的问题进行彻查，张汧出任湖广巡抚，究竟是不是像张玉书的"门人"所说的那样，由陈廷敬为之"营办"，陈廷敬是不是真的收过张汧的银子，就成了千古悬案。根据当时的情况考查，如果陈廷敬真要为张汧"营办"的话，以陈廷敬与康熙帝的密切关系，他完全可以直接向康熙皇帝引荐。但是，当张汧案发时，康熙帝曾当面问："张汧居官何如？"陈廷敬回答说："张汧系臣同乡亲戚，性行向来乖戾。"这样的回答完全可以证明，陈廷敬对张汧并无好感，不可能向康熙皇帝推荐张汧。如果他推荐过张汧，推荐时肯定为张汧说了好话，与现在的回答岂非自相矛盾？如果他真为张汧说过好话，时间过去并不太长，康熙皇帝岂能忘记？显而易见，陈廷敬肯定没有向康熙皇帝推荐过张汧。

那么，张汧出任湖广巡抚，究竟是谁举荐的呢？据《清史稿·徐乾学传》载："湖广巡抚张汧亦明珠私人。"《清史稿·明珠传》说："蔡毓荣、张汧皆明珠所引荐者也。"明确指出张汧是明珠引荐的。《清史稿·陈紫芝传》说："湖广巡抚张汧，大学士明珠所私也，恃势贪暴，言路莫敢摘发。"更进一步指出，张汧的贪暴是凭借大学士明珠的权势，所以没有人敢揭发他。康熙二十七年（1688），佥都御史郭琇参劾明珠，说："御史陈紫芝参劾湖广巡抚张汧疏内，并请议处保举之员。皇帝面谕九卿应一体严加议处，乃票拟竟不书写，则保举张汧原属指使，于此可见矣！"（蒋良骐：《东华录》卷十四）意思是说，御史陈紫芝在参劾湖广巡抚张汧的奏章中，一并要求处分保举张汧的官员，皇帝也在九卿会议上当面下旨，要求对保举张汧的官员一并严加议处。但是，内阁在拟定处分意见时，竟然没有写这句话。内阁票拟是明珠主持的，不写这句话，是要包庇保举张汧的官员。由此可见，保举张汧的官员原来都是受明珠指使的。

更有甚者，陈紫芝参劾张汧之后，受到了康熙皇帝的表彰，擢升为大理寺少卿，不久便死去。"或传紫芝一日诣朝房，明珠延坐进茗，饮之，归遂暴卒云。"（《清史稿·陈紫芝传》）意思是，当时有人说，有一天陈紫芝到朝房去，大学士明珠请他坐下喝茶，他喝了茶回去就暴亡了。陈紫芝正直敢言，却为此付出了血的代价。

这些记载完全能证明张汧系明珠私党，张汧升任巡抚是由明珠举荐，张汧贪暴是凭借明珠势力，是明珠一直在阻挠查办张汧贪污案。明珠是满人宰相，位极人臣，权倾朝野，陈廷敬无法与之比拟。张汧有此奥援，自然无所忌惮，贪得无厌，难怪陈廷敬给他下了"性行向来乖戾"的评语。

○
○

泾渭分明

震动朝野的张汧案了结了，牵连出来的三位大臣陈廷敬、徐乾学、高士奇，一齐被解任，在京修书。

徐乾学（1631—1694），字原一，号健庵，又号东海，江苏昆山人。康熙九年（1670）探花，授编修。康熙二十四年（1685）进入南书房，升内阁学士，迁礼部侍郎，值讲经筵。康熙二十六年（1687），迁左都御史，升刑部尚书。

高士奇（1645—1704），字澹人，浙江钱塘人。高士奇家道贫困，徒步从家乡来到京师，以秀才入国子监，与宰相索额图的家仆结为好友。家仆将他推荐给索额图，又由索额图推荐给康熙皇帝，入内廷供奉，迁内阁中书，享受六品俸禄。康熙十九年（1680），授任翰林院侍讲，充日讲起居注官，累升詹事府少詹事。

徐乾学学问好，文章写得好；高士奇擅长诗文，又精书法。二人与陈廷敬都是南书房大臣，都是受康熙皇帝重用的近臣，又互相以诗文学问相推崇。高士奇是国子监的学生，陈廷敬做过国子监的司业，是高士奇的老师，所以高士奇在陈廷敬面前执弟子礼。徐乾学和高士奇都是权力欲非常强的人，他们两人互为表里，招摇纳贿，而陈廷敬却远离政治斗争的旋涡，从不结党营私。陈廷敬等三人虽然都罢了官，但康熙皇帝对他们还是很信任的。

康熙皇帝是非常好学的人，他之所以信任徐、高和陈廷敬等人，主要是喜欢他们的学问和才华，认为对自己的读书治学有较大帮助。康熙皇帝曾经向侍读学士常书、朱马泰询问，汤斌与徐乾学比较怎么样，常书、朱马泰说："汤斌道学优长，徐乾学文章富丽。"康熙皇帝又问，写文章谁能比得上徐乾学，徐乾学和陈廷敬比较怎么样，常书、朱马泰回答："作诗陈廷敬为优，文章大略相等。"康熙皇帝又问，此二人有分别吗？常书、朱马泰回答说："陈廷敬文章端重，徐乾学文章工妙。"康熙皇帝又问，叶方蔼和陈廷敬比较怎么样，常书、朱马泰回答："陈廷敬下笔敏捷；叶方蔼构思颇艰，及成文之后阅之尚佳，汉人莫不称许。此二人亦相等。"（《康熙起居注·二十三年六月二十三》）康熙皇帝曾经说过，得到高士奇之后，才知道做学问的门径。"初见士奇得古人诗文，一览即知其时代，心以为异。未几，朕亦能之。士奇无战阵功，而朕待之厚，以其裨朕学问者大也。"（《清史稿·高士奇传》）

康熙皇帝虽然解除了徐、高和陈廷敬的职务，心中并不情愿，所以时常迁怒于奉命查案的于成龙。康熙皇帝在送太皇太后灵柩到东陵安葬的路上，就曾把于成龙叫去斥责说："他们几个同我读书的人，你必定都要弄了去，为什么呢？"于成龙笨笨地回答说："臣为什么？不过是为要尽忠报国。"等到太皇太后安葬之后，康熙皇帝不肯剃头，大臣请求剃头。康熙皇帝问："有奏折吗？"因为是路上，并未准备奏折，徐乾学就在石头上铺张纸，写成奏折呈上。康熙皇帝问："是现做的，这样快吗？"大学士伊桑阿奏说："是徐乾学在地上一笔写成的。"康熙皇帝一边夸赞徐乾学才思敏捷，一边又叫于成龙过来说："我左右动得笔的，是徐乾学、陈廷敬、李光地、张英、叶方蔼这几个人。这大文章你为什么不做，叫徐乾学做呢？"于成龙只好又回答说："叫臣做，臣晓得什么？"（李光地：《榕村语录续集》卷十四）

徐乾学和高士奇倚仗着皇帝的信任，根本就没有把罢官当成一回事，因为他们在京修书，每四天要到南书房去轮值一天，在南书房就可以见到皇帝，就可以把自己的意图通过皇帝变成圣旨。所以他们虽罢了官，却声气更盛，炙手可热，满汉大小官员都投靠到徐乾学、高士奇门下，贿赂公行。所以史料记载："高、徐自落职后，声焰更炽，纳贿更多。虽革职，尚留在京修书，日日入南书房直，满汉俱归其门。"（李光地：《榕村续语录》卷十四）当时流传有"九州贡赋归东海（徐乾学号东海），万国金珠献澹人（高士奇字澹人）"的歌谣，可见徐乾学、高士奇纳贿敛财丑行之一斑。

就这样过去了一年多，徐乾学逐渐觉得高士奇比自己在皇帝面前更吃香，于是产生了倾轧之心，准备扳倒高士奇。徐乾学有一同年，叫郭琇，字华野，山东即墨县人，和徐乾学是康熙九年（1670）的同榜进士，因参权相明珠、余国柱，直声震天下，官至左都御史。徐乾学怀恨高士奇，就指使郭琇参他。

康熙二十八年（1689）十月，左都御史郭琇上奏，说原任少詹事高士奇、左都御史王鸿绪等，表里为奸，植党营私。然后罗列四条罪状，说高士奇等其罪可杀，请朝廷将高士奇等明正典刑。

高士奇画像

第一条罪状：说高士奇出身贫贱，徒步来京，靠在别人家中教书为生。皇上因为他字学颇工，让他破格补入翰林，并让他入直南书房，不过是让他考订文章，并非要他参与国家的政事。而高士奇不守本分，日思结纳大臣，揽事招权，以图分肥。朝廷内外的大小臣工，无人不知道有高士奇。高士奇声名显赫，竟然到了如此地步，其罪可诛。

第二条罪状：说高士奇交结党羽，自立门户，与王鸿绪等五人结为死党，俱寄以心腹，在外招揽。地方官员凡总督、巡抚、布政使、按察使，以及道、府、厅、县的各级官员和在朝内的大小官员，皆由王鸿绪等为之从中牵线，请高士奇庇护，馈送财物以至成千累万。即使是不属于高士奇党护的官员，亦要向高士奇进奉钱财，叫作"平安钱"。高士奇等奸贪坏法，全无顾忌，其罪可诛。

第三条罪状：说京城里有一光棍，因犯罪，将自己在虎坊桥的瓦房六十余间赠送给高士奇；在顺城门外斜街，高士奇又令心腹置买了多处房屋；高士奇又在本乡平湖县置田千顷，大兴土木；又在杭州广置田园。高士奇初到京城，仅是一介穷儒，靠教书糊口，如何就变成了数百万的富翁？试问他的钱从何而来，无非是各官贿赂。各官贿赂他的钱又从何而来，无非是侵吞公款，搜刮民膏。所以说高士奇是国家的蠹虫，是百姓的盗贼，其罪可诛。

第四条罪状：说张汧案爆发之后，高士奇被解任修书，这是皇帝的矜全之恩。但高士奇不思改过自新，仍坚持作恶。当康熙二十八年（1689）圣驾南巡，皇帝严旨禁止接受馈赠，若有馈赠行为，以军法治罪。唯独高士奇与王鸿绪等人目无国法，王鸿绪在淮、扬等处，招揽各官馈送万金，秘密交给高士奇。淮、扬一处如此，他处可想而知。高士奇等欺君灭法，背公行私，其罪可诛。

郭琇罗列了四条大罪，狠参高士奇，他又在奏疏的最后一段写道："总之，高士奇等豺狼其性，蛇蝎其心，鬼蜮其形。畏势者既观望而不敢言，趋势者复拥戴而不肯言。臣若不言，有负圣恩。故不避嫌怨，请立赐罢斥，明正典刑，天下幸甚！"（《清史稿》卷二七一）

郭琇所写的奏疏刚脱稿，高士奇耳目众多，消息灵通，早已经得到了奏疏的草稿，他就恶人先告状，把奏稿呈给康熙皇帝，向康熙皇帝说了很多话。等郭琇把奏稿正式递上去，奏疏所参高士奇、王鸿绪等五人俱罢官，高士奇亦被撵出京城，勒令回籍。王鸿绪（1645—1723），字季友，号俨斋，别号横云山人，江南娄县（今属上海金山）人。康熙十二年（1673）探花。康熙二十六年（1687）擢左都御史。康熙二十八年（1689）服父丧期满刚返京，即休致回籍。因为康熙皇帝已经事先看到了奏稿，所以特别照顾高士奇，对高士奇的处分极轻。高士奇不肯离京回籍，但康熙皇帝不许，高士奇无奈，只好于康熙二十八年（1689）冬离去。

　　高士奇被撵出京城后，徐乾学尚在京，成了一人的天下，声势益大。康熙二十八年（1689），徐乾学的兄弟徐元文官拜大学士，徐乾学的儿子徐树毂按规定不能考选御史，但他利用权势，让徐树毂考选了御史。这一下惹恼了副都御史许三礼，许三礼上疏弹劾徐乾学："律身不严，为张汧所引。皇上宽仁，不加谴责，即宜引咎自退，乞命归里。又复优柔系恋，

徐乾学画像

潜住长安。乘修史为名，出入禁廷，与高士奇相为表里。物议沸腾，招摇纳贿。其子树穀不遵成例，朦胧考选御史，明有所恃。乾学当逐出史馆，树穀应调部属，以遵成例。"

（《清史稿》卷二七一）

奏疏上去之后，徐乾学在康熙皇帝面前百般辩解，康熙皇帝认为许三礼所劾事情不实，意欲将许三礼降级调用。许三礼更加气愤，又罗列徐乾学贪赃之罪狠参。奏疏上达，徐乾学顶不住了。康熙皇帝决定让徐乾学离京回籍。

《清史稿》评论说："乾学、士奇先后入直，乃凭借权势，互结党援，纳贿营私，致屡遭弹劾，圣祖曲予保全。"说明徐乾学、高士奇结党营私，招权纳贿，俱是事实，但康熙皇帝对他们特意回护，处分极轻。

陈廷敬、徐乾学、高士奇都是康熙帝身边的要人，在这一场风波中同样被波及，但其表现却大不相同，清者自清，浊者自浊，泾渭分明。李光地说："泽州乃张汧之亲家，泽州亦大受此伤矣。"（李光地：《榕村续语录》卷十四）对陈廷敬在张汧案中被冤表示理解和同情。

在这两年之间，陈廷敬的所作所为与徐乾学、高士奇的行径形成了鲜明对比。他处事更加谨慎，勤勉修书，缄口不言他事。据李光地记载："彼时陈泽州却闭门修书，忧窘异常，上亦知之。"（李光地：《榕村续语录》卷十四）上是指皇帝，是说康熙皇帝对于陈廷敬的所作所为非常了解。一年多时间内，康熙皇帝冷眼旁观，陈廷敬和徐乾学、高士奇确实是完全不同的两种人。因此，康熙二十九年

（1690）二月，在徐乾学被迫离京之时，陈廷敬又被起用为左都御史，重新回到朝廷的重要职位上来，和徐乾学、高士奇形成了鲜明的反差。所以李光地调侃徐乾学，说："徐健庵方上通州船，而泽州已复职矣。"（李光地：《榕村续语录》卷十四）

陈廷敬虽然在张汧案这场宦海风波中因与张汧的亲戚关系受到诬染，但很快就得到洗雪，从此之后备受重用，一直做到文渊阁大学士。陈廷敬为人"老成、宽大"，"恪慎清勤"，"慎守无过"，在当时满朝官僚"三五成群，互相交结"的政治风气下，体现出一种独善其身的道德情操。他绝不像高、徐那样呼朋引类，植党揽权，从不参与互相倾轧的权力之争，故在高、徐受贿营私丑行败露之时，他却以自己正直无私、光明磊落、老成谨慎的政治作风，更加受到康熙皇帝的欣赏和信任，成为康熙皇帝最信赖的股肱大臣。

○
○

升平相国

在张汧贪黩案之后，陈廷敬、徐乾学、高士奇都被罢了官，经过将近两年的考验，高士奇和徐乾学先后被赶出京城，就在徐乾学于通州码头登船南下的时候，陈廷敬已经接到官复原职的圣旨。这标志着张汧案对陈廷敬的影响已经成为过去，其仕途又进入了一个新的阶段。

康熙二十九年（1690）二月二十六，陈廷敬被起用为左都御史，这是他第二次任左都御史。五个月后，陈廷敬又从左都御史转为工部尚书，这也是他第二次任工部尚书。次年六月，又转任刑部尚书。

康熙三十一年（1692）七月二十五，陈廷敬的父亲陈昌期病故于家乡，陈廷敬请假回籍守孝。康熙三十三年（1694）三月，户部尚书出缺，内阁大学士根据官员的资历，列出三位候选官员的名字，让皇帝挑选，然后做正式任命。康熙皇帝对他们拟选的名单看也没看，就直接下旨："需陈廷敬服满来。"（无名氏：《午亭山人年谱》）但这时陈廷敬守孝尚未期满，结果户部尚书一直悬缺大半年之久。康熙三十三年（1694）十二月，陈廷敬守孝期满，除去孝服才七天，就接到了朝廷发布的陈廷敬为户部尚书的任命。这也是陈廷敬第二次任户部尚书。

当年十二月初二，陈廷敬急速启程就道，到达京师，觐见了康熙皇帝。文学家姜宸英记载了陈廷敬与康熙皇帝会面的情景："公至，陛见，天颜欢霁，慰问宠渥。中朝士大夫皆庆君臣相得之盛，而知上之所以倚毗（pí）公者，未有涯也。"（姜宸英：《湛园集》卷二）意思是说，陈廷敬到了京师，谒见了皇帝，皇帝天颜欢喜，高兴异常，对陈廷敬温语慰问，恩宠有加。朝中的大臣都庆贺这一君臣相得的盛事，并且由此推知，皇帝正要长期倚重陈廷敬。从这里可以看出，康熙皇帝对于陈廷敬的为人非常欣赏，陈廷敬也认为康熙皇帝是最为圣明的皇帝。所谓君臣相得，就是说君主得到了贤臣，臣子得到了明君，君臣际会，如鱼得水。

康熙三十八年（1699），陈廷敬再次被任命为吏部尚书，这也是陈廷敬第二次任吏部尚书。康熙四十一年（1702），陈廷敬被任命为南书房总理大臣。陈廷敬早在康熙十七年（1678）就成为南书房大臣，至此已经二十四

康熙皇帝画像

年，又成为南书房总理大臣，在康熙皇帝身边的近臣中居于首位。

康熙四十二年（1703）四月十九，陈廷敬被任命为文渊阁大学士兼吏部尚书，这就是人们通常说的入阁拜相，陈廷敬自此正式进入内阁，成为掌钧国政的宰相。在陈廷敬任大学士期间，与他前后一起任大学士的满族大臣有马齐、席哈纳、温达，汉族大臣有吴琠、张玉书、李光地、萧永藻。但其中只有陈廷敬一人是南书房大臣，并且是南书房总理大臣，这就充分显示出陈廷敬在内阁中的特殊地位。

陈廷敬从翰林一直升到文渊阁大学士，与康熙皇帝的关系达到极为密切的程度，备受康熙皇帝的器重和信任。

康熙皇帝为什么那么信任和器重陈廷敬，这与康熙皇帝的用人标准有关。康熙皇帝用人，其主要标准是品德和才学。陈廷敬的才学在康熙朝的大臣中当然是第一流的，这无须多说。他的品德，无论是做人、行事，与当时任何品德优秀的官吏相比，都有过之而无不及。他为官五十多年，平生自守冰渊志，所做的一切事情都是从忠君和利民这两方面出发。他谨言慎行，不乱交朋友，守官奉职，退则闭门，不愿妄从流俗往来。同时，他还远离权势和利益的中心。在康熙年间，太子立了废、废了立，皇子夺储，闹得沸沸扬扬，很多大臣为了攀龙附凤，为了自己的权势和利益，大都卷了进去，只有陈廷敬不为权势和利益所动，置身度外，这确实是常人很难做到的。王士禛的笔记《居易录》卷二十八记载：一日，大臣在东阙门会议结束，大家都非常疲倦，王士禛与陈廷敬共同出端门，行走速度比较快，回头看其他大臣，都落在后面。王士禛笑着对陈廷敬说："今日可谓高才捷足！"陈廷敬却说："否，不过急流勇退耳。"同样是一件生活小事，同样是一句笑谑之言，王士禛认为是"高才捷足"，而陈廷敬则认为是"急流勇退"，可见其甘心自下、谦恭自抑性格之一斑。

在康熙皇帝最信任、最器重、最亲近的大臣中，熊赐履、李光地都是假道学，康熙皇帝后来亦对其甚为不满；张英与陈廷敬行为处事相仿佛，甘心自下，但晚年不慎，卷入太子党争，忧惧而终；只有陈廷敬能够把持得住，能够首尾如一，慎守无过，所以他自始至终深受康熙皇帝的信赖与倚重。

康熙四十四年（1705），康熙皇帝看到《皇清文颖》中所载陈廷敬写的各体诗，非常欣赏，又极称赞其为人，情不自禁写了一首诗赠给陈廷敬，其序说："览《皇清文颖》内大学士陈廷敬作各体诗，清雅醇厚，非集字累句之初学所能窥也。故作五言近体一律，以表风度。"（康熙皇帝：《御制文集》第三集卷四十九）在诗序中，康熙皇帝首先称赞陈廷敬所作各体诗都好。康熙皇帝用了"清雅醇厚"四字评语，清雅是说诗的词句清丽典雅，醇厚是说诗的内容深醇浑厚。这四个字确实是写诗的最高境界，用来评价陈廷敬的诗也是恰如其分的。初学诗的人只会堆积辞藻，拼凑字数，这样的人对陈廷敬的诗是难以全面理解的，是看不出其中的精妙之处的。康熙皇帝用一首五律来表彰陈廷敬的风度，他的诗是这样写的：

> 横经召视草，记事翼鸿毛。
> 礼义传家训，清新授紫毫。
> 房姚比就韵，李杜并诗豪。
> 何似升平相，开怀宫锦袍。

"横经召视草"，"横经"是说陈廷敬作为经筵讲官，为康熙皇帝讲解经书时，把经书横陈于面前。"视草"是说陈廷敬经常替代康熙皇帝草拟诏书。"记事翼鸿毛"，是说陈廷敬同时还是史官，他记载史事的时候，敏捷迅速，像鸿毛那样细微的事物都能概括无遗。这两句诗的大意是：横经讲筵又常代拟草诏，记事细致入微，不遗鸿毛。

"礼义传家训"，礼义是指礼法道义。礼，谓人所履；义，谓事之宜。这句是说陈廷敬的家族是把礼义道德作为家训来代代相传。"清新授紫毫"，紫毫是指用紫色狼毫所做的毛笔。这句是说陈廷敬挥毫写作的文章词句清新。这两句诗的大意是：恪守礼义家训世代相传，文思清新授予斑管紫毫。

"房姚比就韵"，房、姚是指唐代贤相房玄龄和姚崇。"就"是高尚、高雅的意思，就韵是指高雅的风韵。此句谓陈廷敬有唐代名相房玄龄和姚崇的风度气韵。"李杜并诗豪"，李白和杜甫是我国诗歌史上的两座高峰，而陈廷敬诗歌继承了李白、杜甫的优秀传统，可以和李白、杜甫并称。这两句诗的大意是：可同房姚媲美偏有雅韵，直与李杜并驾堪称诗豪。

"何似升平相，开怀宫锦袍。"宫锦袍是用宫中的锦缎所制的长袍。这里有一个典故，说李白曾经于月夜乘舟，穿着白衣宫锦袍，风度翩翩地在舟中顾瞻笑傲，旁若无人。这里，康熙皇帝用来比喻陈廷敬穿着宫锦长袍，风流儒雅，既是升平宰相，又是风雅文士。这两句诗的大意是：风流儒雅何似升平宰相，披襟开怀身着宫锦长袍。

康熙皇帝的这首诗从多个方面表彰陈廷敬，说陈廷敬是风流儒雅的升平相国，对陈廷敬的表彰达到了无以复加的高度。康熙时期是我国历史上著名的康乾盛世的前半段，陈廷敬也确实是一位盛世的升平宰相。

康熙四十四年（1705）二月，康熙皇帝第五次南巡，陈廷敬扈从，乘船从京杭运河南下，所用船只都是征调来的民船。康熙皇帝特地将质量特别好的石家船赐给陈廷敬乘坐，说："石家船好。"并且让陈廷敬的船在康熙皇帝的御舟前面航行。

在南巡途中，康熙皇帝到处蠲免百姓的租税，百姓皆欢欣鼓舞，到处是一片颂扬之声。三月十八，南巡至苏州，康熙皇帝知道陈廷敬素来清贫，特赐银千两，所以陈廷敬写诗道："一时更拜千金赐，四海还同万户春。"（陈廷敬：《午亭文编》卷十九）在康熙皇帝向他赐银的时候，他想到的是百姓的生活能得到改善，安定和美，因此他说"四海还同万户春"，时刻把自己的心情同普天下的百姓连在一起。

四月初七，南巡至杭州，康熙皇帝知道陈廷敬未到过西湖，特准假一日，让陈廷敬到湖上游览，并且考虑到皇宫中的后妃、皇子、公主众多，都在湖上游览，因有君臣名分，陈廷敬见到必然要一一行礼避让，所以特别下旨说："廷敬老臣，遇宫眷车不必避路。"（陈康祺：《郎潜纪闻二笔》卷九）这都是对陈廷敬特殊的照顾，同时也体现了一位盛世皇帝对贤臣的优礼，所以时人感叹说："洵承平盛事也。"（陈康祺：《郎潜纪闻二笔》卷九）

陈廷敬作为康熙皇帝身边的近臣，在五十多年的任官期间，蒙恩受到康熙皇帝赏赐的有貂裘、锦缎、御宴、珍味、人参、宝玩等，不计其数。康熙四十三年（1704）冬，康熙皇帝赐陈廷敬貂裘一件，并且说："此裘朕所亲服，汝躯体较小，可觅良工略为裁制，务令称身。"（陈廷敬：《午亭文编》卷十八）从这些话中，我们可以体味康熙皇帝对陈廷敬的关切爱护之情，同时也可以体味到一位至高无上的皇帝的人情味和亲和力。

帝谓全人

陈廷敬在朝为官清廉，慎守无过，人望所归，可谓立德；他翊赞圣治，被康熙皇帝称为辅弼良臣，可谓立功；他为世人留下了数百万字的著述，被称为燕许大手笔，可谓立言。陈廷敬立德、立功、立言三不朽事业都取得了较大成功，可谓志得意满，但他却一直有归隐山林的愿望。他让人为他画了《樊口归樵图》，来寄托他归隐林泉的志趣；他又自号午亭山人，渴望能过上蓑衣斗笠、青鞋布袜行走于山林之间的生活。但是因为康熙皇帝对他一直十分器重，这种难得的知遇之恩使他不忍离开朝堂，不忍离开康熙皇帝。

康熙四十六年（1707），陈廷敬已到了七十岁的高龄，就在这一年十一月，他向康熙皇帝提出了退休致仕的请求，康熙皇帝没有批准。康熙四十七年（1708）正月十八，陈廷敬再次上疏乞休，康熙皇帝下旨："机务重地，良难其人，不必求去。"（陈廷敬：《午亭归去集》卷一）意思是说，内阁是掌管国家机务的重要地方，很难有合适的人选，不用请求离去。康熙四十九年（1710）三月，陈廷敬第三次具折请求致仕，疏未上，康熙皇帝就下了让陈廷敬领衔编修《康熙字典》的圣旨，陈廷敬只好作罢。

康熙四十九年（1710）十一月初十，陈廷敬再次上疏，以年老耳聋为由，向康熙皇帝坚请辞官。康熙皇帝无奈，只好同意了，并下圣旨："卿才品优长，文学素裕，久侍讲幄，积有勤劳。自简任机务以来，恪慎益著，倚毗（pí）方殷。览奏以衰老乞罢，情词恳切，著以原官致仕。"意思是说：你的才学和品德皆优，又富有文学才华，并且长久以来侍奉讲筵，讲授儒家经典，积有勤劳。自从任命为大学士，掌管国家机要大事以来，你更加恭敬谨慎，朝廷对你的倚重也更加殷切。看了你以衰老乞归的奏章，感到情词恳切，同意你以原官品级退休。

陈廷敬得到康熙皇帝批准他致仕的圣旨，非常高兴，到禁苑中向康熙皇帝谢恩，康熙皇帝见到陈廷敬，说："卿是老大人，是极齐全底人。"（陈廷敬：《午亭山人第二集》卷二）康熙皇帝说陈廷敬是 "老大人"，表达了康熙皇帝内心深处对陈廷敬的敬重，自此之后，康熙皇帝就称呼陈廷敬为"老大人"。这是很难得的，特别是清代，中国封建社会中央集权制达到了顶峰，皇帝的权力和威严达到了无以复加的地步，皇帝能称呼一位大臣为老大人，这是绝无仅有的。康熙皇帝又说陈廷敬是"极齐全底人"，用了一个程度副词"极",表示这里说的"齐全"在程度上达到了极限,是说陈廷敬是十全十美的人,是毫无缺点的人。这是一位年近花甲的皇帝对陈廷敬一生人品道德和清廉作风所做出的高度评价。这种评价在清代皇帝对于大臣的评价中也是独一无二的。可见在康熙皇帝的心目中,陈廷敬的地位是多么崇高。

陈廷敬听了康熙皇帝的话,非常感动,纪诗二首,其中有这样的句子:"平生自有冰渊志,一语阳和鉴苦辛。"(陈廷敬:《午亭山人第二集》卷二)"平生自有冰渊志","冰渊"是《诗经·小雅》中的典故,《诗经》中说:"如临深渊,如履薄冰。"比喻做事小心谨慎。陈廷敬这一句诗是说,自己一生为国家的事情处处小心谨慎,尽职尽责。"一语阳和鉴苦辛",阳和是指春天的温暖气候。这一句诗是说,康熙皇帝的一句话,温暖如春,肯定了自己一生为国家所付出的辛勤劳苦。

陈廷敬于康熙四十九年(1710)十一月致仕,康熙五十年(1711)二月二十二,康熙皇帝又为陈廷敬御笔亲书"午亭山村"匾额和一副楹联:"春归乔木浓荫茂,秋到黄花晚节香。"赐给陈廷敬,并且说:"朕特书匾联赐卿,自此再不与人写字矣。"(陈廷敬:《午亭山人第二集》卷二)康熙皇帝此时五十八岁,他专门为陈廷敬写了这副匾联,并且决定以后再不给别人写字,以表示他内心深处对陈廷敬的无比敬重。

"午亭山村"的匾额是康熙皇帝为陈廷敬的里第所题,

午亭是陈廷敬的号。康熙皇帝为陈廷敬所题楹联，实际上也是康熙皇帝对陈廷敬的全面评价。上联："春归乔木浓荫茂。"乔木是通称

御书午亭山村匾联

枝干在二三丈以上的树木，乔木也就是大树。这上联的字面意思是说，春风吹来，乔木高大，浓荫茂盛。实际意思是说，陈廷敬一生的功业，就如同春天的大树一样枝叶繁茂。下联："秋到黄花晚节香。"黄花是指菊花。菊花秋开，秋令在金，故以黄色为正，因称黄花。晚节是指晚年的节操。这下联的字面意思是说，秋霜降临，菊花芳菲，晚节馨香。实际意思是说，陈廷敬晚节昭明，如菊花一样经霜耐寒，更加芳香。这一副楹联概括了陈廷敬一生的功业和他的晚节。陈廷敬为此特地写了两首纪恩诗，其中有两句说："身是全人劳一语，香仍晚节盖平生。"（陈廷敬：《午亭山人第二集》卷二）对康熙皇帝用"全人"表彰他的晚节，感激之情溢于言表。

　　陈廷敬于康熙四十九年（1710）十一月获准致仕后，本来就可以整理行装告老还乡了，但康熙皇帝没有立刻放他走，让他留京编纂《康熙字典》，并为康熙皇帝编纂御集，即康熙皇帝自己的诗文集。康熙皇帝一生写了大量的诗文，他委托陈廷敬为他整理编排，然后誊写成帙。陈廷

敬因此暂时不能离京归里。

但仅过了五个月，也就是康熙五十年（1711）的四月，康熙皇帝奉皇太后到承德避暑，大学士张玉书扈从，到承德之后，张玉书暴卒。张玉书死去，李光地又告病，此时大学士尚有温达和萧永藻二人，但是康熙皇帝遍观满汉大臣，就是没有合适的人主持阁务。看来看去，他还是看上了已经年老退休的大学士陈廷敬，于是他给陈廷敬下了圣旨，让陈廷敬重新入阁主持阁务。他知道陈廷敬一定要推辞，所以特地在圣旨中告诉陈廷敬，不用推辞。陈廷敬于五月三十接到圣旨，六月初二又重到内阁主持阁务。已经因老病而休致的大臣再起入阁，这种情况是很少见的，这说明了陈廷敬确是康熙皇帝晚年最为倚重的元老重臣，说明康熙皇帝在政治上对陈廷敬这位德高望重的老臣的依赖心理。

陈廷敬以七十四岁的高龄再起入阁，京城中一时传为佳话。就在陈廷敬六月初二重到内阁这一天，正好久旱得雨，普降甘霖，京城中的大臣认为这是天人感应的吉祥之兆，纷纷写诗颂扬。侍讲学士钱亮工写诗曰：

> 引退弥坚眷愈深，诏留元辅领朝簪。
> 重开汉代孙弘阁，立沛商家傅说霖。
> 军国平章禅圣治，阴阳燮理答天心。
> 民间父老遥相悉，后乐先忧直至今。

"引退弥坚眷愈深"，眷指皇帝的恩宠。这一句是说，陈廷敬越是坚决要求退休，而皇帝对他恩遇眷顾的感情就越深。

"诏留元辅领朝簪"，元辅是指宰相。这一句是说，康熙皇帝下诏，让宰相陈廷敬重新统率朝中的文武官员。

"重开汉代孙弘阁"，孙弘是指汉代的公孙弘，公孙弘是汉武帝时候的名相。这一句是说，陈廷敬作为一代名相重新进入内阁。

"立沛商家傅说霖"，傅说是商朝高宗时的宰相，商高宗曾把他比作大旱时的甘霖，所以后人常以"傅说霖"称久旱后的甘雨。这一句把陈廷敬比作商代的名相傅说，说他一到阁中，上天就立刻普降甘霖。

"军国平章裨圣治"，平章是斟酌处理。这一句是说，军国大事需要陈廷敬斟酌处理，以辅佐皇帝的圣治。

"阴阳燮理答天心"，燮理是协和治理。这一句是说，陈廷敬处理政务阴阳得以协和，以此来报答天心。

"民间父老遥相悉，后乐先忧直至今"。后乐先忧是指安乐在天下人之后，忧虑在天下人之先。这一句是说，民间的父老乡亲知道此事，歌颂陈廷敬的后乐先忧，一直到今天。

光禄寺卿汤右曾写诗曰："再见相公调鼎鼐，都人歌舞古犹今。"鼎和鼐是古代的两种烹饪器具。相传商王武丁问傅说治国之方，傅说以如何调和鼎中之味作此喻，后人因以"调和鼎鼐"比喻处理国家大政。从这些情况看，陈廷敬确实是深得人心，人望所归。

陈廷敬再到阁中主持阁务，凡有奏章，列名时他一定要写上"予告"二字。大臣年老致仕之后称为予告，陈廷敬列名时必写予告二字，是表明自己已经退休，以与在职的大学士相区别。典籍官以大学士的资格为他请俸，也就是要按大学士的资格给他领取工资，他坚决制止了，认为自己已经退休，不应再按大学士的资格领取俸禄。陈廷敬就是这样处处严于律己，以身作则。

午壁魂归

康熙五十一年（1712）二月二十四，陈廷敬突然患病，不能入阁办事。二月二十七，康熙皇帝御畅春苑听政，没有见到陈廷敬，就问大学士温达："陈大学士为何不见？"温达回奏说："陈廷敬偶患二便秘结，不能来上朝，他的儿子陈壮履在外启奏。"

康熙皇帝就让陈壮履进来，详细询问了陈廷敬的病情后说："二便不通，服药难效。坐水坐汤，立刻可愈。"然后将坐水坐汤之法详细告诉陈壮履，让回去依法调治。坐水坐汤就是坐在温热的药水中泡治。康熙皇帝又传旨，让太医院右院判也就是太医院的副长官刘声芳，迅速前去陈廷敬家为他诊治，并且以后每天要去诊视一次；又命陈廷敬的第三子陈壮履，每间隔一日到畅春苑向康熙皇帝汇报一次病情。

就在陈廷敬患病期间，陈廷敬负责编纂的《皇清文颖》六十卷告成，陈廷敬在病榻上撰写了《〈皇清文颖〉告成进呈表》，上奏康熙皇帝。但是，陈廷敬的病情经多方调治仍未见好转。

四月初六，康熙皇帝赐御制良药一瓶、西瓜露一瓶。四月初九一早，康熙皇帝派身边的近臣三人到陈廷敬病榻前探视，并传旨："老大人喜食何物，令尔子壮履奏请。"陈壮履到畅春苑谢恩，康熙皇帝赐哈密瓜一个、西瓜一个。哈密瓜和西瓜都产于西域，因为路途遥远，交通不便，运送十分艰难，在当时都是极珍贵的食物。四月十二，康熙皇帝又赐糟鹿尾一盒、糟野鸡一盒、关东蜜饯红果二瓶，由御膳房官员送到陈廷敬府邸。四月十三，又赐瀛台红稻米一袋。就在这一天，御医刘声芳启奏："陈大学士左腮红肿，中气甚虚。"康熙皇帝立即命刘声芳带外科御医二人，速看回奏。当时天时已晚，直到三更天，康熙皇帝仍然坐在渊鉴斋，秉烛等待御医刘声芳等人回奏病情。刘声芳回奏之后，又命刘声芳等御医带着御制圣药前去陈廷敬府中治疗。当时已过半夜，紫禁城各重门皆已上锁，康熙皇帝命内务府总管知会兵部，速开启城门将药送往大学士陈廷敬府邸，并说，沿途如有阻拦者，记名回奏。四月十四，康熙皇帝又遣大臣四人到陈廷敬榻前探视病情。四月十六，又遣大臣四人前去探病。

四月十九，康熙皇帝又命大臣四人到陈廷敬病榻前传旨："朕日望大学士病体速愈，再佐朕料理机务几年。若事出意外，大臣中学问人品如大学士可代理内庭事务者为谁？"陈廷敬——奏对。又传旨给陈壮履："倘老大人身后，汝家中有何难处事否？朕自与尔作主，不必忧惧。"就在这一天晚上戌时（八点左右），陈廷敬薨于京邸。陈廷敬生于明崇祯十一年（1638）十一月二十七巳时，卒于清康熙五十一年（1712）四月十九戌时，享年七十五岁。

四月二十日早，康熙皇帝尚不知陈廷敬已去世，命大臣励廷仪到寓问陈壮履："山西有杪板否？有杪板用否？"杪板是杪椤树木板，是很珍贵的木料。陈壮履回奏："山西杪板不易得，多用柏板。臣父昨晚身殁（mò），现今正各处求购材木。"励廷仪回宫面奏，康熙皇帝知道陈廷敬已逝，向左右说："不意陈大学士遽尔溘逝，朕尚有不尽之言未得咨询。"感叹不已。然后命畅春苑总管大臣董殿邦，送去紫杪板一具。紫杪板色紫而纹密，性坚而质润，斧凿才施，香闻百步，珍贵异常。

接着，康熙皇帝又向内阁及礼部传旨曰："陈廷敬夙侍讲幄，简任纶扉。恪慎清勤，始终一节。学问淹洽，文采优长。予告之后，朕眷注尤殷。留京修书，仍预机务。尚期长享遐龄，以承宠渥。遽尔病逝，深为轸（zhěn）恻！其察例议恤。"大意是说：陈廷敬素来侍奉讲筵，又任命为大学士，掌握国家机务。他恭敬谨慎，清廉勤政，自始至终节操如一。学问渊博，文采优长。退休致仕之后，我对他眷顾仍然十分殷切。留他在京修书，仍然参与国家机务。

还期望他能够长寿，以享受国家的恩泽。没想到他突然病逝，我内心深为悲悯。内阁和礼部要为他详细察例，议定恤典。

在议恤典时，有一项内容是赐谥。赐谥在封建社会里是很重要的事情，称为易名盛典。康熙皇帝赐给陈廷敬的谥号是"文贞"。按照清代的谥典，道德博闻曰"文"，清白守节曰"贞"。就是说"文"表示陈廷敬道显德尊，学识渊博；"贞"表示陈廷敬品行清白，慎守节操。从清廷入关的顺治元年（1644）到清道光三十年（1850）共二百零七年间，得到谥号的官员总共四百人，也就是说，每年得到谥号的官员平均不到两人，充分说明能得到谥号的官员寥寥无几。在官员的谥号中，第一个字是"文"字的谥号更为可贵，有的官员虽然得到了谥号，但第一字并非"文"字。在清代山西众多的历史人物中，获得这样的谥号的只有六人，依次是顺治年间的保和殿大学士兼户部尚书卫周祚（曲沃县人），谥文清；康熙年间的保和殿大学士兼刑部尚书吴琠（沁州，今沁县人），谥文端；康熙年间的文渊阁大学士兼吏部尚书陈廷敬（阳城县人），谥文贞；雍正年间的文华殿大学士兼吏部尚书田从典（阳城县人），谥文端；乾隆年间的协办大学士兼吏部尚书孙嘉淦（兴州，今兴县人），谥文定；道光、咸丰年间的体仁阁大学士兼户部尚书祁寯藻（寿阳县人），谥文端。

四月二十一，康熙皇帝命皇三子诚亲王胤祉率内大臣、乾清门侍卫、满汉文武大小诸臣齐至陈廷敬府邸。陈豫朋、陈壮履跪接。诚亲王率诸大臣至陈廷敬灵前，宣读康熙皇帝写的祭文，举哀致奠，行三叩拜礼。又以御赐茶酒二器请陈廷敬的儿子陈豫朋、陈壮履饮。这是康熙皇帝慰望大臣的礼仪，陈氏兄弟自认为没有资格，不敢担当，所以固辞不饮。

四月二十四，康熙皇帝御制挽诗一首，命南书房翰林励廷仪、张廷玉等四位大臣捧至陈廷敬灵前焚化。康熙皇帝所写的挽诗曰：

> 世传诗赋重，名在独遗荣。
> 去岁伤元辅，连年痛大羹。
> 朝恩葵衷励，国典玉衡平。
> 儒雅空阶叹，长嗟光润生。

紫芸阡御书挽诗碑

"世传诗赋重"，是说世间都在传颂陈廷敬的诗赋为人所爱重。

"名在独遗荣"，是说陈廷敬虽然故去，但身死名存，独留千秋殊荣。

"去岁伤元辅"，去岁即去年。元辅即宰相。这里是说，与陈廷敬同时为相的张玉书，在去年不幸故去令人哀伤。

"连年痛大羹"，连年是接连两年。大羹是不和五味的肉汁，古代祭祀时用。这一句意思是说，为陈廷敬去世而祭奠。以上两句连起来的意思是说，去年刚刚为宰相张玉书去世而哀伤，紧接着今年又为宰相陈廷敬悲痛地奉上大羹祭奠。

"朝恩葵衷励"，朝恩是指朝廷所施行的德政。葵衷的葵，通"揆"，是筹划掌管的意思，又因为宰相掌管天下百事，故又称宰相职位曰揆。衷是恰当、适当的意思。励通"厉"，是严肃认真的意思。这一句的意思是说，陈廷敬作为宰相，处理朝廷政事、施行朝廷德政认真而恰当。

"国典玉衡平"，国典指国家的典章制度。玉衡是指古代测天文的一种仪器，以玉装饰。这里用来比喻陈廷敬掌握国家法度像天文仪器那样准确无误，公允平正。

"儒雅空阶叹"，儒雅是指陈廷敬学问渊博，风度优雅。空阶是说陈廷敬去世了，朝堂的台阶空空，再没有像他这样博学优雅的人物了。

"长嗟光润生"，长嗟是长长地叹息，光润是指珠玉柔和滋润的光芒，生是出现。这一句的意思是说，陈廷敬逝世令人悲叹，他的光辉形象常常出现在自己的眼前。

康熙皇帝给陈廷敬的挽诗，对陈廷敬做出了全面、高度的评价，同时也体现了康熙皇帝对陈廷敬深切怀念的真实感情。

康熙皇帝又念陈廷敬立朝清节，特赐帑金一千两治丧。

到了七月十六，康熙皇帝又下旨，于八月二十四将陈廷敬灵枢送还原籍，命行人司司副沈一揆负责护丧归葬。在途中整整走了近两个月，于十月二十一抵达午亭山村。

康熙五十二年（1713）冬，在午亭山村之北一里许的静坪为陈廷敬选择了茔地。在辟土开阡的时候，发现地下有一空洞，其中云气蒸郁，凝膏如乳，四周的墙壁上藤萝纠结，其色紫，其气味芬烈如芸，因此将陈廷敬的茔地命名为紫芸阡。康熙五十三年（1714），康熙皇帝又写祭文一篇，为陈廷敬加祭一筵，葬于午亭山村北之紫芸阡。

陈廷敬的家门前有一条河叫作樊河，他曾自号曰樊川。因唐代著名诗人杜牧号樊川，著有《樊川集》，所以不知道的人以为陈廷敬的家乡在陕西长安，常常引起误会。于是陈廷敬又改别号曰说岩，不再使用樊川这个别号。陈廷敬的家乡东有山岩，登岩可望月之初出，所以他将此岩命名

紫芸阡陈廷敬墓

为月岩。他家的庭院在月岩之北，站立于庭院之间，可以仰观峰岭，下瞰林壑，从白天到夜晚，可见初日上而云飞，夕烟敛而霞举，飘忽万变，赏心悦目，所以他又将月岩改为悦岩。又因为"悦"与"说"（yuè）同，故又曰说岩。在陈廷敬一生中，用说岩这个别号的时间最长。

陈廷敬晚年以午亭为别号，自称午亭山人。午亭之名来源于郦道元的《水经注》。《水经注》说："沁水又东南，阳河水左入焉。水北出阳阿川，南流经建兴郡西，其水又东南流，经午壁亭东，而南入山。"这里说的午壁亭为汉代地名，是供旅客宿食的处所。午壁亭之名，不见于志乘，以郦道元《水经注》中的记载考之，当在泽州与阳城交界之处。

陈廷敬在朝中，常与朱彝尊等人在禁中值夜，喜欢谈论山水园林之胜。当陈廷敬说起《水经注》记载的午壁亭在沁河岸边，与自己所居之处甚近时，朱彝尊便说："何不取以名园？"因此陈廷敬在《午壁亭赋》的序中说："余村居近沁水，而爱午壁亭之名，故取其义以名其居，曰午亭山村。"

陈廷敬自从清顺治十五年（1658）考中进士，进入仕途，到康熙五十一年（1712）逝世，总共五十四年。在五十四年的漫长时间里，他共回过三次家：第一次是康熙元年（1662），他因病请假回籍；第二次是康熙十八年（1679），他因母亲病故，回家守孝；第三次是康熙三十一年（1692），他因父亲病故回家守孝。他非常热爱自己家乡的一山一水、一草一木，写了很多歌吟家乡风景的诗词，最后他终于安息在这块土地上。

陈廷敬作为康熙皇帝最为信任的辅弼重臣，无论是生前的恩遇，还是死后的哀荣，都达到了人臣的极致，这也从另一方面说明陈廷敬翊赞圣治，为开创康乾盛世做出了巨大的贡献。康熙皇帝是一位英明的皇帝，他所取得的成就并不只属于他一人。陈廷敬是康熙决策集团的重要成员，他的成就是康熙皇帝成就的不可分隔的有机组成部分。

第五章

翰林门第

○
○

棠棣花开

陈廷敬有一妻一妾。正室夫人王氏，是阳城县白巷里人，明代吏部尚书王国光的玄孙女，庠生王启祚之女。王氏生于明崇祯十三年（1640）正月二十九，比陈廷敬小两岁。于清顺治八年（1651）嫁给陈廷敬，当时陈廷敬十四岁，王氏十二岁。王氏卒于康熙五十一年（1712）九月二十六，比陈廷敬晚去世五个月。

王氏被皇帝封为正一品诰命夫人，是封建社会人臣家眷中地位最高的女性。陈廷敬的母亲、祖母、曾祖母虽然都是正一品诰命夫人，但都是死后赠予的封号，只有王氏是生前陈廷敬成为一品官后被康熙皇帝封为一品夫人的，所以说，她是实际享受了正一品诰命夫人待遇的人。

陈廷敬的副室李氏，是江南省江宁府人，也就是现在的南京市人，她的父亲是世袭锦衣卫指挥，名字叫李龙斯。她生于顺治十一年（1654）三月初六，比陈廷敬小十六岁。卒于康熙五十五年（1716）十月二十，比陈廷敬晚去世四年。因为她是副室，不能因为陈廷敬的官职受皇封，只能由她所生的儿子的官职受皇封。她的儿子陈豫朋最高做到四品官，所以她被封为恭人，恭人是四品命妇。

对于她的身世和生平，没有更多的历史资料可考，在这里仅能根据现有资料做如下分析：

李氏的父亲虽然是世袭锦衣卫指挥，但锦衣卫指挥是明朝的官，清朝没有这样的官职，经过明清之际的改朝换代，他的父亲可能已沦落为贫民。可以做这样的设想，假如李氏出身富家，她是不可能委身做妾的。她既然愿意委身做妾，说明她的家境并不好。也许她已经没有家了，沦落为艺妓之类，是被陈廷敬用钱赎身的。不过这只是一种设想，不一定是事实。李氏可能没有什么文化，更不通诗书，因为在陈廷敬卷帙浩繁的诗文著作中，没有涉及李氏一个字，更没有提到过她的父亲李龙斯。所以可以肯定，李氏的出身一定十分卑微。康熙十一年（1672），李氏生了第一个儿子陈豫朋，当时她十八岁，由此可以推知她嫁给陈廷敬的大致时间。

陈廷敬共有三个儿子，长子陈谦吉是正室王氏所生，次子陈豫朋和三子陈壮履是副室李氏所生。

陈廷敬是陈氏家族的第九代，他的儿子是陈氏家族的第十代。有一个十分有趣的现象，就是陈氏家族的第十世，都是用易经卦名来命名的。陈廷敬的长子陈谦吉以谦卦命名，"吉"字出自谦卦初六爻辞："谦谦君子，用涉大川，吉。"陈廷敬的次子陈豫朋以豫卦命名，"朋"字出自豫卦九四爻辞："由豫，大有得。勿疑，朋盍簪。"陈廷敬的三子陈壮履以大壮卦命名，"履"字出自大壮卦大象："君子以非礼弗履。"

《诗经》上说:"棠棣之华,鄂不(fū)韡(wěi)韡。"棠棣,籽如樱桃,即是现在所说的郁李。鄂,是指花萼。不,通"柎",是指花萼的足。韡韡,是光明华美的意思。这两句诗的意思是说:棠棣花开了,萼足与花朵多么光明美丽!这是形容兄弟美好的诗句。

陈廷敬的三个儿子都很优秀。长子陈谦吉,字尊士,号甘谷,监生出身。考选河南归德府河捕通判,升江南淮安府邳(pī)睢(suī)灵壁河务同知。他虽然没有太高的功名,办事却务实认真,为老百姓解除水患等,办了很多实事,颇受百姓称道。

陈廷敬的次子陈豫朋,字尧凯,号濂村。清康熙十一年(1672)九月初五生。康熙二十九年(1690),他十九岁时参加乡试,高中经魁。明清科举制度,考生在五经试题里各自选考一经,录取时,分别取每一经的第一名,合为前五名,称为五经魁,简称为经魁。康熙三十三年(1694),陈豫朋二十三岁参加会试,又高中会魁(会魁就是会试的五经魁),被选为翰林院庶吉士。他是陈氏家族的第五位进士、第三位翰林。

陈豫朋在翰林院三年,散馆后授翰林院编修,为正七品官,后又改为四川筠连县知县。升陕西耀州知州,为从五品官。又迁甘肃巩昌府的岷洮抚民同知。陈豫朋在川陕关陇间做地方官达十四年之久,颇有政绩。史书记载他"清介自守,不名一钱"(光绪《山西通志》卷一五〇《陈豫朋传》)。清介自守,是说自己保持清正耿直的操守。不名一钱，是形容他的清贫节操。陈豫朋为官清廉，名声非常大，朝野到处传颂。他回京之日，其父陈廷敬高兴地写诗勉励道："敝裘羸马霜天路，赖汝清名到处传。"（陈廷敬：《豫朋自岷州来感示以诗》）这两句诗意思是说：陈豫朋穿着破旧的衣服，骑着瘦弱的马，行走在霜天迷漫的道路上；这是一个清贫官员的形象，清正的美名传遍了天下。

陈豫朋为官清廉，内升礼部仪制司员外郎。仪制司是礼部的下设机构，员外郎是仪制司的副长官，从五品，位在郎中之下。后升为精膳司郎中。部属各司皆设郎中，主管各司事务，为尚书、侍郎之下的高级官员，正五品。又提升为福建都转盐运使，兼延建邵道。都转盐运使，为产盐区主管盐务的官员。延建邵道即道台，是省以下、府以上一级的官员，正四品。延建邵道管延平府、建宁府、邵武府三府。后又奉命监督青州驻防城工，事竣后授刑部陕西司郎中兼广东道监察御史，钦命提督湖南学政。陈豫朋著有《濂村诗集》《幻因集》《燹南集》《且怡轩诗钞》《六友斋诗文集》《濂村经解》《濂村奏草》等。

陈豫朋八岁能诗，陈廷敬为了教他作诗，专门写了一部《杜律诗话》，为他讲解杜诗。山西著名的学问家范镐（hào）鼎在清康熙二十三年（1684）曾经到京师，与京华诸文人集会时，陈豫朋年方十一岁，便能写诗。范镐鼎后来在编《晋诗二集》时说："先生诗才天授，不独家学有自也。"康熙三十三年（1694），陈廷敬在家为父亲守孝，期满之后赴京，于高平赵店旅馆的墙壁上见到陈豫朋的题诗，次韵和诗云：

云树东来客梦西，草堂深掩绿萝迷。

三年才尽销魂路，羡汝诗多到处题。

（陈廷敬：《赵店见豫朋题壁诗用韵》）

意思是说：我在太行山上绕着云彩草树向东走来，但旅途的梦境仍然是西边家乡的情景：守孝的草堂被绿色的藤蔓深掩着，令人沉迷。三年的苦痛悲哀把我的才气消磨殆尽，真羡慕你才华洋溢，到处题诗。可见陈豫朋作诗之勤、诗作之多，令其父也叹羡不如。

康熙三十五年（1696）漠北噶尔丹叛乱，康熙皇帝御驾亲征，扫荡漠北，得胜而还。当时陈豫朋考中翰林不久，正是少年才俊，先后写了五言排律四十韵、律诗十六章歌颂康熙帝亲征胜利，在京城引起了轰动，大文学家姜宸英记载说："都下传诵，为之纸贵。"（姜宸英：《陈濂村诗钞序》）

陈豫朋诗宗法谢灵运、谢朓（tiǎo）和杜甫，得其神髓。姜宸英评其诗曰："典赡有风，则媲美燕许；诗格整丽，叙事详核，大历才子之遗调也。"（姜宸英：《陈濂村诗钞序》）姜宸英将他的诗比作燕许大手笔，又有大历十才子的遗韵。

陈廷敬第三子陈壮履，字幼安，一字礼叔，号南垞。少时聪颖，能诵《诗经》和《易经》。康熙三十五年

（1696）中举人，康熙三十六年（1697）中进士，选翰林院清书庶吉士，当时才十八岁，是陈氏家族的第六位进士、第四位翰林。散馆授检讨。检讨是官名，明清时属翰林院，位次于编修，与修撰、编修同谓之史官。

陈壮履少年才俊，很受康熙皇帝的赏识，很快就升为日讲起居注官，负责侍从皇帝、记载皇帝的言行；又升为翰林院侍读学士，职在为皇帝讲读经史，备顾问；又升为内廷供奉，成为康熙身边的近侍之臣。明代形成的规矩，只有翰林才能够做大学士，也就是宰相。清代虽然不是翰林也有做宰相的，但宰相大部分还是翰林出身。所以说，进了翰林院，就成为宰相根苗，可谓预备宰相。

陈壮履不仅进了翰林院，而且已经成为康熙皇帝身边的近臣，也可以说成了很有希望的宰相根苗、真正的储相。但是陈壮履年轻浮躁，不加检点，最后栽了个大跟斗。在古代封建社会里，皇帝定期要祭拜五岳，但是山高路远，皇帝不能亲自去，就要大臣代替皇帝去祭拜。康熙四十九年（1710），陈壮履奉命到南岳衡山去祭祀，这是钦差大臣，代天子行事。就在去南岳衡山的途中，他犯了错误，被湖广总督郭世隆弹劾："纤道嘉鱼县，骚扰地方。""纤道"，就是绕道。嘉鱼县不是祭祀南岳的必经之路，他绕道嘉鱼县的原因，我们不得而知，总之他绕道去了不该去的嘉鱼县，自然就是骚扰地方。

陈廷敬当时在宰相任上，听到此事，立即具折请求处分。康熙皇帝从热河回京，陈廷敬从京城到密云接驾，康熙帝见到陈廷敬，和颜悦色，温语垂问。但陈壮履被人参劾，法纪难容，当然不能在康熙皇帝身边行走了。康熙皇帝批示："身为翰林，奉差在外，滥行生事，学问也甚不及。革去侍读学士，停止内廷供奉，仍为编修。"（《圣祖实录》卷二百四十二）陈壮履就这样被打回原形，又降为翰林院编修了。

陈壮履学问好，文名满天下，人称潜斋学士。史书上说，陈壮履"力承家学，素擅鸿词"（同治《阳城县志》卷十一《陈壮履传》）。意思是说，陈壮履能够继承家学，并擅长于写诗作文。史书上又说，他"以文章著名翰苑"（光绪《山西通志》卷一五六《文学录下·陈壮履传》），意思是说，陈壮履的诗文在翰林院和文坛上是非常著名的。他著有《潜斋诗集》《慕园诗草》《南垞集》《读〈书〉疏》等，并且参与了编修《康熙字典》《古文渊鉴》等大型典籍。陈壮履有很多追随者，号称为扬州八怪的文学家金农就是陈壮履的忠实追随者之一。

翰林迭出

陈氏家族第五世的陈天佑，是陈廷敬的高伯祖。他于明嘉靖十三年（1534）考中举人，嘉靖二十三年（1544）考中进士。他是陈氏家族的第一位进士，官至陕西按察副使。

陈氏家族第八世的陈昌言，是陈廷敬的伯父。他于明崇祯三年（1630）考中举人，崇祯七年（1634）考中进士。他是陈氏家族的第二位进士，官至江南学政。

陈氏家族第九世的陈廷敬，于清顺治十四年（1657）考中举人，顺治十五年（1658）考中进士。他是陈氏家族的第三位进士、第一位翰林，官至文渊阁大学士。

陈氏家族第九世的陈元，是陈廷敬伯父陈昌言的儿子，陈廷敬的堂兄。他于清顺治八年（1651）考中举人，顺治十六年（1659）考中进士。他是陈氏家族的第四位进士、第二位翰林。

陈氏家族的第十世，即陈廷敬子侄辈，陈廷敬有三个儿子和十七个侄子。其中陈廷敬的两个儿子和两个侄子中了进士。

陈廷敬的次子陈豫朋，字尧凯，号濂村。他于康熙二十九年（1690）十九岁时参加乡试，高中经魁。康熙三十三年（1694）二十三岁时参加会试又高中会魁，被选为翰林院庶吉士。他是陈氏家族的第五位进士、第三位翰林。

陈廷敬的三子陈壮履，字幼安，一字礼叔，号南垞。他于康熙三十五年（1696）十七岁时考中举人，康熙三十六年（1697）十八岁时考中进士，选翰林院清书庶吉士。他是陈氏家族的第六位进士、第四位翰林。

陈廷敬的六弟陈廷统之子陈观颙，后人为避清嘉庆帝颙琰讳，改名为观永，字安次，号蓉村，一号柑亭。观颙以观卦命名，"颙"出自观卦卦辞："观，盥而不荐，有孚颛若。"陈观颛于清康熙十八年（1679）二月十一生，雍正元年（1723）五月初一卒，终年四十五岁。他于清康熙三十五年（1696）考中举人，康熙四十五年（1706）考中进士，授直隶浚县知县。他著有《恤纬集》。他是陈氏家族的第七位进士。

陈廷敬的七弟陈廷弼之子陈随贞，字孚嘉，号寄亭，晚号西山老人。随贞以随卦命名，"贞"出自随卦卦辞："随，元亨利贞，无咎。"陈随贞于清康熙十四年（1675）八月初九生，卒年不详。他于清康熙三十五年（1696）考中举人，康熙四十八年（1709）考中二甲第四名进士，授翰林院清书庶吉士。他是陈氏家族的第八位进士、第五位翰林。

陈随贞考中翰林时三十五岁，虽然不像陈壮履那样少年得志，但年龄并不大，应该说是春风得意了，但他无意做官。他考进士、中翰林，也许只是为了证明自己有能力轻取功名，其志趣在山林泉石之间。所以，他到翰林院不久，就请假回乡，不再赴任，过起了隐居的生活。他在阳城县城东北二里许的青林沟修建了别墅，引水造舟，裁花种竹，亭台工丽，极一时之盛。他喜山居，从不入城市，潜心学问，诗酒潇洒以终。史书记载他："天资俊逸，学问宏深，所作诗古文皆不经人道。"（光绪《山西通志·陈随贞传》）

陈随贞长于书法，宗法董其昌，得其神髓。著有《立诚堂集》《寄亭诗草》。清徐昆《柳崖外编》记载了一个真实的故事，说陈随贞温文尔雅，诗酒之外擅长书法，宗法明代著名书法家董其昌，每有书法作品，在后面落款时常写董其昌的名字。十余年后他到京城去，见到一本董其昌的帖，非常喜爱，花五百两银子购得，认为是董其昌书法中最佳者。回来细细赏玩了几天，才发现原来是自己所写，因为他在后面落了董其昌的名字，所以自己也辨别不清。可见陈随贞的书法与董其昌的书法何其神似。

号称扬州八怪之一的书画家金农跟着陈廷敬第三子翰林学士陈壮履学习，曾于清雍正四年（1726）到午亭山村作客，遍游阳城山水，写了不少诗歌，并且与陈随贞相交甚契。当时陈随贞已五十多岁，金农对他十分景仰，曾写下一首《题青林沟所居》的诗，其中有这样几句："尘坌炎光昼已空，投簪久羡濯缨翁。何年得遂茅茨约，黛色玲珑远可通。"大意是说：阳光下灰尘污染，到处空空如也，只有这位辞官归来在清流中洗濯冠缨的老翁才令人久久羡慕。什么时候我自己得遂隐居林下的心愿，山色空明，虽然相距遥远，但我与你的心可以遥遥相通。

陈廷敬的子侄辈二十人中，有进士四人，分别为陈豫朋、陈壮履、陈观颙、陈随贞，其中陈豫朋、陈壮履、陈随贞三人入翰林；有举人一人，为陈贲懿；有贡生五人，分别为陈咸受（岁贡）、陈升阶（岁贡）、陈复刚（岁贡）、陈观化（恩贡）、陈坤载（拔贡）、陈蒙德（岁贡）；有监生三人，分别为陈谦吉、陈震远、陈萃应。

陈氏家族的第十一世，即陈廷敬弟兄八人的孙子辈，共三十八人。在此三十八人中，有进士一人，即陈豫朋的长子陈师俭，雍正五年（1727）丁未科进士，选翰林院庶吉士。有举人六人，其中陈寿岳为康熙五十年（1711）辛卯科举人，陈寿华为雍正七年（1729）己酉科举人，陈名俭、陈崇俭为乾隆九年（1744）甲子科举人，陈传始为雍正十年（1732）壬子科举人，陈式玉为雍正四年（1726）丙午科举人。有岁贡生一人：陈象雍。有监生九人：陈寿樊、陈寿嵩、陈传妫、陈汝枢、陈增、陈壖、陈鹏翼、陈象炜、陈墉。另外第十一世族人中还有一位陈恂，康熙五十九年（1720）庚子科举人，为陈氏第三世陈秀之弟陈武的嫡系裔孙，和陈廷敬一脉的支系较远。

陈氏家族第十一世中，陈豫朋的长子、陈廷敬的孙子陈师俭最为突出。陈师俭，字汝贤，号鹤皋。陈师俭于清康熙三十八年（1699）十二月初九生，雍正六年（1728）十一月初六卒，终年三十岁。他于清雍正元年（1723）考中举人，雍正五年（1727）考中进士，授翰林院庶吉士。他是陈氏家族的第九位进士、第六位翰林。

他虽考中翰林，但并未到翰林院任职，因为当时西南地区正在改土归流。这些地区属于少数民族地区，原来皆由土司管辖，雍正五年（1727）实行官府统一管理，以加强中央对边疆少数民族地区的统治，叫作改土归流。土就是少数民族的土司，流就是国家派遣的流动的官员。改土归流需要一大批人员充实地方官员，所以陈师俭就被派去做广西泗城府同知。陈师俭做了泗城府同知后，次年就病故了。他著有《鹤皋诗集》。

陈师俭是陈氏家族的最后一位进士，也是最后一位翰林。他于雍正五年（1727）考取进士，入选翰林院庶吉士之后，拜见了当时的文华殿大学士兼吏部尚书田从典。田从典是阳城县城内人，清康熙二十七年（1688）进士，他比陈廷敬小一个辈分，是清代雍正年间的大学士，号称清白宰相，很受雍正皇帝的信任和倚重。他与陈氏家族有通家之好，陈师俭去拜见他，他即为陈氏家族题写了一副楹联：

德积一门九进士，
恩荣三世六词林。

陈氏家族从明嘉靖年间至清雍正年间，共出了陈天佑、陈昌言、陈廷敬、陈元、陈豫朋、陈壮履、陈观颙、陈随贞、陈师俭九位进士，其中陈廷敬、陈元与陈豫朋、陈壮履、陈随贞以及陈师俭三代共六位翰林。"翰林"亦称"词林"。田从典所题楹联中不言"翰林"而言"词林"，主要是因为楹联格律的关系，若不用"词林"而用"翰林"，则平仄不谐。

在陈廷敬、陈元、陈豫朋、陈壮履、陈随贞、陈师俭这六位翰林中，陈元、陈师俭英年早逝，陈随贞辞官归隐，这三位在政治历史舞台上皆无大成就，有较大成就的只有陈廷敬、陈豫朋、陈壮履父子三人。

陈氏家族在历史上总共产生了九位进士、六位翰林，号称翰林门第，并且还考取了九位举人，至于秀才、贡生那就更多了。

○
○

诗律传芳

陈氏家族是一个诗书世家，历史上出现过众多的诗人，有诗作流传到今天的诗人就有三十三位之多，可以说是群星璀璨，没有留下作品的诗人更是难以计数。

陈氏家族的三世祖陈秀就能写诗，虽然他的诗歌艺术成就并不太高，但却为陈氏家族成为诗书世家、文化巨族奠定了基础。

陈氏的第五世陈天佑，是陈氏家族的第一位进士，号容山，官至陕西按察副使。陈天佑著有《容山诗集》，早已失传，仅存残句一联："未遂持螯意，空悬击楫心。"陈廷敬曾说："余家近尧畿，代有文学。高伯祖容山公，诗名尤重于世。"并写了一首《祖德》诗，其中有句云："祖德斯文在，家传正始音。"（陈廷敬：《午亭文编》卷二十）"祖德"指祖宗的功德。斯文，这里特指文学。正始音，纯正的乐声，即指诗歌。意思是说，历代祖宗的文学为后人留下了纯正的诗学传统。

陈廷敬的伯父陈昌言是一位很有成就的诗人，一生写了很多诗。他到京师永平府乐亭县做官，因为乐亭在大海边，所以他把在乐亭写的诗结集为《东滨草》；他在京城做官，因为北京又称燕京，所以他把在京城写的诗结集为《燕邸草》；他作为巡按御史奉命出巡山东，便把在此期间写的诗结集为《东巡草》；他以提督学政奉命到江南考校士子，便把在此期间写的诗结集为《南校草》；他晚年赋闲在家，隐居山中，便把在此期间写的诗结集为《山居草》。陈昌言中了进士，做了官，与当时诗坛的文人互相唱和，写了大量的诗歌作品，在艺术上也达到了一定的高度。

陈廷敬是清代康熙年间的文学大家，在诗文创作上取得了很高的成就。他的诗以杜甫为宗，别具一格，成为与诗人王士禛和散文家汪琬齐名的文学泰斗。有陈廷敬这样的大诗人，带动了陈氏家族的一大批诗人。陈廷敬的孙子陈崇俭有诗曰："细排诗律是传家。"陈廷敬的侄曾孙陈秉焯有诗曰："声律传家细讨论。"都说的是陈氏家族素有细排诗律、讨论声律的诗学传统。

陈廷敬的堂兄陈元，号澹庵，是翰林出身，著有《澹庵诗草》。陈廷敬弟兄八人，陈廷敬为长子，七个兄弟除三弟廷苌早逝外，其余六个兄弟都著有诗集，有诗作传世。陈廷敬的两个儿子，陈豫朋、陈壮履兄弟俩是一对翰林，都是诗人。陈豫朋诗宗法二谢、杜甫，得其神髓。

陈豫朋的诗与邑人户部侍郎田懋齐名，号称陈田。田懋是雍正年间文华殿大学士阳城人田从典的儿子，曾做过副都御史，不畏权贵，清名远扬，人称"白面包公"。后来因为弹劾过多，得罪了许多高官重臣，引起了乾隆皇帝的不满，以其"嗜酒务博"责令回籍闭户读书。后来陈豫朋辞官归家之后，便到县城东关拜访田懋，二人常有唱和。陈豫朋死后，田懋在挽诗中有句说："万首生平忆剑南。"是说陈豫朋一生作诗甚多，有如南宋爱国诗人陆放翁。"剑南"指代陆放翁。"雅怀当代应无两。"是说陈豫朋儒雅的胸怀当世无双。对陈豫朋的人品和诗歌都给予了高度的评价。

陈廷敬第三子陈壮履，号南垞，官至侍读学士、内廷供奉，成为康熙皇帝身边的近臣。后来偶有小错，又被降为翰林院编修。他继承了陈氏的家学，素擅鸿词，以文章著名翰苑，人称南垞学士。

陈廷敬的侄子陈随贞，也是翰林出身，在阳城县城西北青林沟隐居。善吟咏，徜徉山水，流连风光，目光所向，皆为诗章。有诗作传世。

陈廷敬的孙辈是陈氏家族的第十一世，大多生活于雍正与乾隆时期。虽有数人步入仕途，但无突出政绩。由于陈氏家境的没落，大多过着诗酒自娱的生活。他们的诗文虽有别集，但也皆未刻版，流传下来的也仅是零篇碎什、吉光片羽。但这一代有诗作传世的诗人达十人之多，其中较突出的是陈豫朋的儿子陈师俭、陈名俭、陈崇俭、陈传始等人。

在陈廷敬的曾孙辈的诗人中，较为突出的是陈秉焞和陈法于。

陈秉焞，字亮宇，号明轩，是陈廷敬的二弟陈廷继的曾孙，泽州府学廪生。陈秉焯为人豪爽，为鲁仲连、李太白一流人物，与之交往，如同饮醇酒一般，令人心醉。他到济南去游历，高级官员争相延请他做幕僚。陈秉焯在济南与文学家桂馥等人结为好友。桂馥，号未谷，山东曲阜人。清乾隆五十四年（1789）二月，陈秉焯与桂馥等人同游济南的五龙潭，看到此处山清水秀，草木葱茏，于是他们就在此处修建了房屋，叫作潭西精舍。陈秉焯和桂馥在这里联床夜话，写诗唱和。当时的诗坛领袖著名文学家翁方纲也加入他们的行列。陈秉焯中年以后，投身于治河工程，官至山东河工闸官，在衡家楼筑堤，死于工地。他平生抱负不凡，有经世济物之才，作诗乃其余事。他著有《听书楼诗稿》。延君寿评他的诗"如春云出岫，姿态横生，专门名家，恐未能过"（延君寿：《樊诗一集》）。

陈法于，字金门，是陈廷敬之曾孙，陈豫朋之孙。他身材矮小，目光炯炯有神，口虽微吃而谈锋甚利。他家学有自，早岁便能诗，向诗人王炳照学习之后诗写得更为工整。他在考中秀才之后就不再参加科举考试，足不入城市，有古隐士之风。他在先人旧园内修筑小轩，栽花种竹，让老师王炳照为他命名。王炳照看到他的小轩草木清华，便想起了苏东坡"花木秀而野"的诗句，于是把这座小轩命名为"秀野山房"，并为他题了匾额。他在这里读书吟诗，甚为自得，著有《秀野山房诗钞》。他与当时阳城诗人张晋、延君寿、张为基情谊最笃，风雨联床，吟咏酬答，号称"骚坛四逸"。他们四人组织了樊南诗社，当时参加樊南诗社的诗人曾达十五人之多，可以说是一时之盛事。

陈氏家族素有诗学传统，以至出现了陈廷敬这样康熙诗坛上的大家，并带动了陈氏几代人，诗律传家，播芳后世。

○
○

闺阁双秀

陈氏家族留有诗作到现在的女诗人有两位，一位是陈廷敬的孙女、陈豫朋的长女，另一位是陈廷敬的孙媳妇、陈豫朋的儿媳妇。

陈廷敬的孙女、陈豫朋的长女，名叫陈静渊，生活在清代雍正、乾隆年间，是陈氏家族中唯一留下名字的女性。古代社会，女子不参加社会活动，很少能留下名字来，包括陈廷敬的母亲张氏夫人、陈廷敬的妻子王氏夫人，都是出身名门，受过皇封，贵为一品诰命夫人，在古代女性中地位尊荣显贵，仅次于皇家的后妃，但也都没有留下名字。所以从这一点来说，陈静渊算是够幸运的，她的名字传到了几百年之后的今天，并且将永远地传下去。

陈静渊生长在诗书世家，她的祖父陈廷敬、父亲陈豫朋、兄弟陈师俭都是翰林出身，又都是诗人，所以她从小便受到了极好的文学熏陶。

陈静渊成年后嫁给泽州大箕的卫璠（fán）之子卫封沛。泽州大箕的卫氏也是大家族，卫璠这一支在明末从泽州迁到了河北沧州。卫璠弟兄三人，兄卫璪（zǎo）、弟卫瑛都官至道台，也是官宦之家。卫璠，字奂鲁，康熙三十年（1691）进士，官刑部主事、礼部郎中，外转陕西神木道。卫璠和陈豫朋是同僚好友。

卫璠的儿子卫封沛是贡生，年少而富有才华，陈静渊婚后生有一子。陈家与卫家门当户对，陈静渊嫁给卫封沛可以说是美满姻缘。不料横祸飞来，卫封沛忽患癫痫病而死，陈静渊变成了寡妇。寡居的生活，非常凄苦，陈静渊经常坐卧于一楼，多愁多病。陈豫朋作为父亲，当然能体会到爱女的苦衷，只好用佛家的因果思想安慰她，说："悟却前因，万虑皆消。"意思是说，你只要领悟到人生的命运都是前生种下的因由，一切杂念就能够消除。又为她居处之楼题额曰"悟因楼"，叮咛她说："宜常体吾心，遣却愁怀，莫役神思。"意思是说，你要常常体谅我的心情，排遣愁绪，不要枉费神思。陈静渊秉承父命，每日吟诗教子，怎奈天长日久，愁绪纷投，亟遣难尽，因于病中赋诗云：

悟却前因万虑消，今朝谁复计明朝。

只怜欲遣愁无力，憔悴形容暗里凋。

（陈静渊：《悟因楼》）

意思是说，按照佛家的观点，事情都是在前生就种下因由的，只要能领悟出来这个道理，就能万虑皆消，今天谁还要去想明天的事情呢？不必去管它了。但是自己却总是没有力量把心里的愁苦排遣掉，本来就显得憔悴的面容就像花草一样不知不觉枯萎凋零了。

在封建社会，妇女要恪守贞节。贞妇烈女，朝廷要旌表，社会要赞誉，事迹要载入志书，牌位要供在官府设立的节孝祠。因此，女子都把贞节视为自己的第一生命，都以守节、殉节为最大的荣耀，于是历史上出现了众多的贞妇烈女。陈静渊也不例外，她有儿子，她要矢志守节，教子成人。她和封建社会众多的守节女子一样，做了封建礼教的牺牲品，一生在愁病中度过。她的诗写个人情怀，缠绵悱恻，几乎篇篇都说愁，体现了她凄苦孤寂的内心世界。清代诗人李锡麟（号牧坪）这样称赞她："以礼自持，以诗自适，清节高风，尤富贵家闺中所难，固巾帼高士也。"

有人编故事说，陈静渊仅活了二十二岁便抑郁而死，这种说法只是空穴来风。陈静渊的生卒年虽然没有被记载下来，人们无法知道她确切的年龄，但陈静渊是一个很有名气的女诗人，她的事迹很多文献都有记载，如果她真的早逝，这些文献中绝不会无任何信息。可以肯定地说，陈静渊是寿终正寝，是正常死亡的。陈静渊有一首诗《盗警移居》，其中说："山村暴客蜂蚁集，呼啸声喧苦相逼。乡人狼狈东西驰，晓暮何曾暂休息。"这首诗后面注明，诗作于雍正五年（1727）六月。雍正五年六月，泽州人靳广与河南济源县的翟斌如利用白莲教聚众作乱，杀人越货，乡人奔避。陈静渊的诗所写的就是这件事情。前面说过，雍正五年（1727），陈豫朋的儿子陈师俭中进士，钦点翰林，这一年陈师俭是二十九岁。陈静渊是陈师俭的大姐，她此时的年龄肯定是要大于二十九岁。这说明陈静渊超过了二十九岁的年龄仍然活着，所谓二十二岁早逝的说法不攻自破。

陈氏家族的另一位女诗人是陈师俭的妻子，这是一位知书达理的女子。她的娘家是泽州大箕的卫氏。她没有留下名字来，因为她姓卫，嫁到了陈家，按古来的习惯，称她为陈卫氏。

陈师俭于清雍正五年（1727）考中进士，钦点翰林，做了广西泗城府同知，是正五品官。因此陈卫氏有了五品诰命宜人的封号，成为朝廷命妇。但是陈师俭在清雍正六年（1728）就病故了，年仅三十岁，陈卫氏便守了寡。陈卫氏早年孀居，诵诗书，习礼法，以教育嗣子为务。泽州大箕的卫氏也是诗书世家，陈卫氏也能诗，但她的诗仅留存下来一首《岁寒课子》，诗曰：

梅花独放岁寒枝，夜静机窗罢织时。
寂寞更深人不寐，青灯黄卷课孤儿。

岁寒课子，岁寒指一年中的严寒时节，课子就是教育督促儿子读书。诗的第一句"梅花独放岁寒枝"，是形容自己的心志，虽然是孤儿寡母，辛苦异常，却如同一枝独放的梅花，经霜傲雪，在一年最寒冷的季节开放。第二句"夜静机窗罢织时"，机是织布机，放在窗下是为了采光。

这句是写教子读书的具体时间，正是夜深人静的时候，陈卫氏自己也停止了一天的劳作，机窗罢织，不再织布了。第三句"寂寞更深人不寐"，更深夜静，万籁俱寂，世人都入睡了，只有这一对孤儿寡母没有入睡，做什么呢？第四句"青灯黄卷课孤儿"，是说这位母亲在青灯之下，面对纸张发黄的古书，教自己的儿子攻读学业。

陈卫氏知书达理，在陈氏家族中很有威望。先人的祠堂、坟墓、园林、亭台，她终身守护扫除。当时陈氏家族已经衰落，她家虽已非常贫穷，但门庭肃然，架子不倒。族人有疑难事，皆来向她请决，她为之陈说道理，无不允当。历数十年如一日，被陈氏族人称为"女宗"。女宗即指女子的楷模。陈卫氏善书工诗，著有《西窗晚课稿》。西窗晚课，青灯黄卷，是一个勤学苦读的才女形象，是她一生孀居生活的真实写照。她死后，其堂侄陈秉焯有《挽从伯母卫宜人诗》云：

> 蘗苦冰寒四十年，支撑门户闻英贤。
> 坚心看老鱼山柏，清响听残鹤圃泉。
> 教子教孙几斗泪，一姑一息每弓田。
> 深闺曾睹先生席，白发青灯有蠹编。

（陈秉焯：《听书楼诗稿》）

"蘗苦冰寒四十年"，蘗（bò），黄柏树，树皮味苦，是一种药材。蘗苦冰寒是形容陈卫氏守寡四十年的苦寒生活。"支撑门户阃英贤"，阃（kǔn）泛指妇女。这句是说，她支撑陈氏家族的门户，堪称是妇女中的英贤。"坚心看老鱼山柏，清响听残鹤圃泉。"鱼山、鹤圃都是午亭山庄的景观，这里的鱼山老柏和鹤圃流泉，正是陈卫氏四十年始终如一的坚心和清节的象征。"教子教孙几斗泪"，是说她教子又教孙，过着辛酸苦痛的生活。"一姑一息每弓田"，姑指妇人，息指小儿。一姑一息，就是母子两个。弓，旧时量地器具步弓的省称，后亦用作丈量地亩的计算单位。旧时营造尺以五尺为一弓（合1.6米），二百四十方弓为一亩。这一句是说，陈卫氏母子两人在这每一弓田地上都辛勤劳作。"深闺曾睹先生席"，是说作者曾经进入过这一位伯母居住的房间，看到过伯母深闺居处的情况。这房间有什么不同呢？"白发青灯有蠹编"。蠹编，指被虫蛀坏的书，即指古旧书籍。深闺中是一位白发老人面对青灯黄卷在苦读。陈秉焯所描写的陈卫氏的形象栩栩如生，真实动人，具有很强的艺术感染力。

陈氏家族作为诗书世家、文化巨族，女诗人绝不止此二人。在陈氏家族的第十二世子孙中有一位诗人叫作陈沛霖，他写过一首诗《午日恭步姑母原韵》："句题蒲叶灿丹黄，艾酒芳凝百和香。佳节愧承慈意切，周遮戚语话斜阳。"午日，是端午节。步姑母原韵，是说姑母写了端午节的诗，陈沛霖用姑母的原韵写了和诗。陈沛霖是翰林陈随贞的孙子，他的姑母自然就是陈随贞的女儿了。陈随贞有两个女儿，一个早逝，另一个嫁给了河南济源县的举人段景文。段景文的父亲段志熙官至浙江布政使，也是官宦之家。陈随贞的女儿能诗，是一位女诗人，只不过是她的诗作没有流传下来。

古代印刷技术落后，刻书不容易，仅凭抄本很难流传下来。由此可以断言，陈氏家族的诗人，有诗作流传至今的是三十三位，被淹没的诗人更是不知凡几。

第六章

宰相家风

雅训传家

在康熙皇帝赐大学士陈廷敬的诗中有这样的句子："礼义传家训。"意思是说，陈廷敬的家族是一个礼义之家。这个礼义之家家风的形成，靠的是陈氏家族世代相传的雅训良规。

陈氏的三世祖陈秀在任西乡县典史时，寄给儿子三首律诗、三首词曲，这些诗词后来就成了陈氏家族的家训，给陈氏后人指引了一个正确的发展方向，成为陈氏后人居家立身之本，对陈氏后人产生了很大的影响。陈廷敬的伯父陈昌言说："肇造余家，实权舆诸此。"（陈昌言：《述先草序》）"肇造"是"创造"的意思，"权舆"是"起始"的意思。这句话就是说：创造我们这一个诗书世宦之家，就是从三世祖陈秀确立家训开始的。陈廷敬也说："迄今予家食醇厚和平之福者，实肇于此也。"（陈廷敬：《陈氏家谱》）大意是说：直到现在，我们这一家能够享受醇厚和平之福，实在是从这些祖宗的教诲中产生出来的。

陈家家族有了家训，便有了立身处世的规矩。陈氏先辈皆谨慎自律，言传身教，出现了不少值得称颂的典型仪范，给陈氏的后人和乡里做出了榜样。陈廷敬曾在《陈氏家谱》后题诗曰：

> 侧闻长老训，诸祖称豪贤。
>
> 披籍阅往代，叹息良复然。
>
> 诚词炳星日，志气薄云天。
>
> 处士及吏隐，一一皆可传。
>
> 淳休被邑里，声华如蝉联。
>
> 缅维卜东庄，始自宣德年。
>
> 耕稼三百载，风义桑梓前。
>
> 小子耻甘肥，食利忘所先。
>
> 惕然从中惧，勖哉以无愆。

　　大意是说：我恭敬聆听长老的训诲，知道列位先祖都可以称为贤德之人。翻阅历代先人留下来的文字，我被感动得不禁反复叹息。先祖告诫后人的家训有如星日光辉，先祖的志气真可上薄云天。不论是隐居于乡或是为官为吏，其事迹都可以代代留传。淳朴的盛德覆盖着乡里，声望光华相继而不绝。遥想我的祖先选择东庄（指中道庄，即今皇城）定居，开始于前明的宣德年间。在这里耕田种地已经将近三百载，风概高义流布于乡里民间。我现在能够享受肥美甘甜的生活，怎么可以忘记创业的祖先？心中忽然产生了戒慎恐惧的思绪，要以此勉励自己奋发努力，避免一切过错。

　　陈廷敬的伯父陈昌言，主持修建了斗筑居城，写下了

《斗筑居铭》，告诫后人创业艰难、守成不易的道理。陈廷敬的父亲陈昌期，常常教育子弟，读书以立品为先，次及举业。陈廷敬做官之后，不仅自己洁身自好，而且特别注重教育家人后辈保持清廉之风，他所写教育子弟的诗，也成了陈氏家训的重要组成部分。

皇城陈氏家训解读：

家训之一　教子诗　陈秀

【原文】

才忆儿时便起愁，愁儿不把放心收。

肯离家舍来官舍，料出歌楼入酒楼。

未得彩衣承膝下，且将绿蚁展眉头。

天涯谁念虚甘旨，顾我于今鬓已秋。

【注释】

放心：放纵之心。

彩衣：《列女传》说，昔楚老莱子孝养二亲，行年七十，婴儿自娱，常着五色斑斓衣，为亲取欢。后因以"彩衣"指孝养父母。

膝下：指在父母的身边奉养。

绿蚁：酒面上浮起的绿色泡沫，亦借指酒。

甘旨：指对双亲的奉养。

【译文】

才想起儿子来我就发忧愁，

忧愁儿子不把放纵之心收。

你是否肯离开家来到官衙，

料想你出了歌楼又进酒楼。

未曾得到儿子在身边尽孝，

只好借饮酒暂时舒展眉头。

远在天涯谁想到奉养老父，

看我如今已经是两鬓如秋。

家训之二　教子诗　陈秀

【原文】

百岁光阴易掷梭，痴儿莫得等闲过。

起家绍业由勤俭，处事交人贵缓和。

酒饮三杯须用止，书攻万卷未为多。

我今欲著灯窗力，鬓点秋霜奈老何？

【注释】

掷梭：织布时投掷梭子，比喻时光迅疾。

绍业：继承先人的事业。

灯窗：窗前灯下，指苦学之所。

秋霜：秋日的霜，比喻白发。

【译文】

人生百年光阴消逝如同抛梭，

痴心儿子莫把时光随便度过。

继承祖宗基业要靠勤劳节俭，

为人处事交友贵在厚道缓和。

酒饮三杯即止免得贪杯误事，

诗书努力攻读万卷不能算多。

如今我想灯前窗下用心努力，

两鬓添霜年老衰迈无可奈何。

家训之三　教子诗　陈秀

【原文】

我去从王事，空庭儿独留。

诗书勤讲读，财利少贪求。

浊酒休酣饮，闲街莫浪游。

肯能依此语，可免汝爷忧。

【注释】

王事：王命差遣的公事。

空庭：空寂的庭院。

浊酒：用糯米酿制的酒，较混浊。这里泛指酒。

酣饮：畅饮，痛饮。

浪游：漫游，四方游荡。

汝爷：汝，你。爷，父亲。

我在外做官操劳公事，儿子在家中独自居留。

诗书要用心勤奋讲读，财利却不可一意贪求。

遇美酒莫要开怀痛饮，到大街不要四处闲游。

你如能虚心听从此话，可让你老父免去忧愁。

家训之四　教子词　陈秀

【原文】

爷今系宦途，儿独营家计。

清勤爷自守，孝友在儿为。

爷事儿知：

浊富非吾志，宁怀一念私!

享浊富徇利亡身，怀私心违天害理。

【注释】

宦途：做官的道路，官场。

浊富：不义而富，与"清贫"相对。

徇利：不惜身以求利。徇，通"殉"。

违天害理：做事残忍，违背天道伦理。

【译文】

老父身在宦途官场，儿子独自经营家计。

清廉勤政我自遵守，孝顺友爱却要儿为。

我的事情你应该知道：

贪图钱财非我志向，岂能存有一念之私！

享受不义之财，只会因为利益丧失性命；

心存私欲杂念，只能违背天意伤害天理。

家训之五　教子词　陈秀

【原文】

修职业要如清献，

不贪财欲比元之。

爷传命，儿须记：

友于劣弟，孝事慈闱；

少衔曲蘖，多读书诗。

好好将舍宇修葺，谨谨把门户支持。

交几个胜己友相近相亲，

觅几文本分钱休悭休侈，

说儿句谠直言无诡无随，

亲戚邻里人情来往休教废。

学谦和，拘廉耻，心正身修家更齐，

便是佳儿。

【注释】

清献：指北宋名臣赵抃（1008—1084），字阅道，号知非，衢州西安（今浙江省衢州市）人。景祐元年（1034）进士，除武安军节度推官。历殿中侍御史、天章阁待制、河北都转运使、右谏议大夫、参知政事。辛赠太子少师，谥"清献"。赵抃在朝弹劾不避权势，时称"铁面御史"。平时以一琴一鹤自随，为政简易，长厚清修。著有《赵清献公集》。

元之：指北宋诗人、散文家王禹偁（954—1001），字符之。济州巨野（今山东省巨野县）人。太平兴国八年（983）进士，历任右拾遗、左司谏、知制诰、翰林学士。敢于直言讽谏，因此屡受贬谪。宋真宗时，复知制诰。后贬至黄州，又迁蕲州病死。任知制诰时，禹偁奉旨起草《李继迁制》，李继迁送马五十匹为贿赂，禹偁坚拒不受，传为佳话。

友于：《书·君陈》有"惟孝，友于兄弟"之句。后即以"友于"为兄弟友爱之义。

慈闱：旧时母亲的代称。

曲蘖：指酒。蘖（niè），酿酒用的发酵剂。

修葺：修理建筑物。

谠直：正直。谠（dǎng），正直，敢于直言。

【译文】

做事业要像铁面御史赵清献，
不贪财要像翰林学士王元之。
老父我传训诫，儿子你要牢记：
对兄弟要友爱，对老母要孝敬；
莫要贪杯饮酒，须多讲读诗书。

房屋宇舍要勤加检修，家中事务要谨慎支持。

要交品德高尚的朋友，多和他们相亲相近；

要挣本分干净的钱财，不要吝啬也不奢侈；

要说正直公道的言语，不说假话也不逢迎；

和亲戚邻里的友好往来不能荒废。

要学习谦和的态度，要遵循廉耻的准则。

诚意正心，修身齐家，就是一个好儿子。

家训之六　教子词　陈秀

【原文】

我于今血气衰，儿得先思义。

年纪老，谋生懒用机。

纵有金书，不把吾儿遗。

你想为人时，谨依；

要成家时，努力！

若你指望爷钱，儿也，误了你！

【注释】

血气：指元气，精力。

用机：指使用机巧功利之心。

【译文】

我现在已经精力衰迈，儿子你做事先思道义。

年纪老了，谋求生计懒于用心机。

即使有财富，我也不能留给儿子你。

你要想做人，谨慎遵守道德规范；

你要想成家，依靠自己不断努力。

如果你指望老父的钱，儿呀，可要误了你！

家训之七　斗筑居铭　陈昌言

【原文】

斗筑拮据，二十余年。

创之不易，守须万全。

修齐敦睦，追本溯源。

和气致祥，家室绵延。

世守而勿替，惟我子孙之贤。

【注释】

斗筑：斗筑居，指陈昌言于明崇祯年间修建的城堡。

拮据：劳苦操作，辛劳操持。

修齐：谓修身齐家。

勿替：不改变，不废弃。

【译文】

自从斗筑居城创修以来，辛劳操持已经二十余年。

先辈创基立业实属不易，后人看守维护须求万全。

修身齐家更应亲厚和睦，不忘祖宗时常追本溯源。

和平之气可致百福千祥，家庭家业自然昌盛绵延。

世世代代坚守永不衰落，希望我的子孙个个英贤。

家训之八　论读书　陈昌期

【原文】

学者攻应举文字，恒视读书立品为二事。

吾所以教汝曹者，以读圣贤书，当实存诸心而见之行事。

凡读书，令往复涵泳其中，身体力行，以变化气质为先。

【注释】

学者：读书求学的人。

应举：参加科举考试。

立品：培养品德。

汝曹：你们。

涵泳：深入领会。

气质：人的生理、心理素质，相当稳定的个性特点。

【译文】

求学的人攻读应对科举考试的学问，常常把读书学习和品德修养看作是两件事。

我用来教导你们的是，读圣贤的书，应当把圣贤的思想牢记在心里，并且要体现在自己的行动上。

凡是读书，都要反复深入地去领会，亲身体验，努力实行，把改变自己的性情素质放在首位。

家训之九　示壮履　陈廷敬

【原文】

盛年已过莫迟疑，先圣当年卓立时。

学不求名吾自喜，文能见道汝应知。

世传杜老诗为事，人识苏家易有师。

更得一言牢记取，养心寡欲是良规。

【注释】

壮履：陈廷敬的第三子陈壮履。

盛年：男子自二十一至二十九岁为盛年。

先圣：指孔子。孔子三十而立。

文能见道：用文章来体现儒家思想。

杜老：指唐代诗人杜甫。

苏家：指宋代苏洵、苏轼、苏辙父子。

易有师：学习《易经》的老师。苏轼著有《东坡易传》九卷，实则为父子三人共同的作品。

【译文】

儿子你盛年已过不可再迟疑，

三十岁是先圣孔子卓立之时。

勤奋好学不求虚名我自欣喜，

写作诗文必以见道汝应深知。

历代传扬诗圣杜老吟诗为事，

世人皆知东坡苏子学易有师。

更有一句名言你要时刻牢记，

为人处世养心寡欲乃是良规。

家训之十　诫子孙　陈廷敬

【原文】

岂因宝玉厌饥寒，愁病如予那自宽？

憔悴不堪清镜照，龙钟留与万人看。

囊如脱叶风前尽，枕伴栖乌夜未安。

凭寄吾宗诸子姓：清贫耐得始求官。

【注释】

憔悴：忧戚，烦恼。

龙钟：衰老貌，年迈。

脱叶：落叶。

栖乌：晚宿的归鸦。

吾宗：我们的宗族。

子姓：泛指子孙、后辈。

【译文】

岂能因为贪图金玉厌恶饥寒，

使我忧愁多病如何放心自宽。

连日烦恼形容憔悴不忍照镜，

龙钟老态却敢留给万人观看！

钱袋空如落叶真可随风飘去，

枕边伴随乌鸦整夜鸣叫不安。

因此寄语宗族中的子孙后辈：

只有耐得清贫才有资格求官。

陈氏家族的家训，身教言传，鼓舞激励着一代又一代的陈氏后人，使陈氏家族成为一个礼义之家。

○
○

尊儒重道

儒、道是指孔孟创立的儒家学派及其政治主张或思想体系，是关于社会伦理道德的学问，要求人的自我修养要达到最高境界，止于至善。古代的读书人，主要是攻读儒经，即四书五经。攻读儒经不仅仅是获得了一门学问，更主要的是思想道德的养成。陈氏家族，世代业儒，把学习儒经当成了一生的大事，在儒学方面下了很多功夫。陈氏家族尊儒重道的思想体现在各个方面，比如说命名。陈廷敬的原名是一个"敬"字，叫陈敬，这个"敬"字就体现了儒学的主敬思想。《易经·坤卦》说："君子敬以直内。"意思是说，君子通过恭敬谨慎来矫正思想上的偏差。他的字是"子端"，"子"是虚字，"端"有两层意思，一是正，不偏斜；二是直，不弯曲。"子端"这个字反映了主敬思想的内在含义。

陈廷敬是著名的理学家，他十分强调躬行，即用自己的实际行动说话，不崇尚空谈。他在《困学绪言》中说："古人读书，直是要将圣贤说话实体于身心。与其言而不行，宁行而不言。君子以身言，小人以舌言。故欲知其人，观其行而已，言未可信也。"他认为躬行的真正含义，就是按程朱理学的思想规范自己的行为。道学有真道学与假道学之分，表里如一，日常行事合乎伦理道德的道学是真道学；表里不一，日常行事不合乎伦理道德的道学是假道学。真道学把理学作为人生理想的最高追求，而假道学把理学作为换取高官厚禄的敲门砖。陈廷敬言语不多，不尚空谈，但视听言动处处按理学的要求循规蹈矩。在他的一生中，很难能找出错误。李光地对陈廷敬的行事极其叹服，他说："泽州之慎守无过，后辈亦难到。"陈廷敬关于注重躬行的论述，也成为陈氏家族行事的准则。

陈氏家族不仅在观念上处处体现理学的思想，在行为上更是处处以程朱理学约束自己，低调做人，高标处世。陈氏家族原来没有家谱，陈廷敬的父亲陈昌期决定让陈廷敬执笔编修家谱，并告诉陈廷敬：

谱牒散亡，今则不敢妄有所祖，征信近代焉可也。昔狄枢密为有宋功臣，有梁公之后，持公图像告身，诣青献之，以为青之远祖。青谢曰："一时遭际，安敢自附梁公?"人以为名言。五季郭崇韬哭于汾阳之庙，识者于今哂之。谱亦何可易言，谱亦何可妄言也!

（陈廷敬：《陈氏家谱谱言》）

大意是说：修家谱的时候，世人往往攀附古代名人作为自己的祖先。我们不要这样做，只按我们近代的实际情况写就行了。宋代名将狄青，出身微贱，但与西夏打仗，屡建奇功，被范仲淹重用，后来官至枢密使，相当于副宰相，执掌兵权。当时有一位唐代名相狄仁杰的后代，拿着狄仁杰的画像献给狄青，说你是狄仁杰的后代，狄仁杰也是你的祖先。狄青回答说，我不过是一时际遇，碰上好运气，立了一些功劳，怎么敢去攀附狄梁公啊？人们把他的话当作至理名言。五代后唐有一位郭崇韬，也出身微贱，后来做了大官，位兼将相，他为了美化自己，自认唐代名将郭子仪为祖先，到郭子仪的墓上号啕大哭，这种弄虚作假、攀附名人的行为被后人引为笑柄。陈昌期告诫陈廷敬不必妄攀名人为先祖，反映了他不尚浮华、求真务实的思想。

陈氏家族崇尚孝悌之道。陈廷敬的祖父陈经济，字伯常，号泰宇。其父去世，他悲伤过度，史书记载他"哀毁骨立"。母卢氏在堂，早晚探视，必亲必诚。先人所遗资产，全部平均分给诸弟，无一点私心。孝友传家，成为乡里效法的榜样。乡人之间发生纠纷，他首先辨别是非，然后三言两语便可调解，无不心悦诚服。乡人做了错事，就怕受到陈经济批评，所以乡里人流传着这样一句话："宁为刑罚所加，不为陈君所短。"意思是说，有了错处，宁愿接受官府的刑罚，也不愿意被陈经济批评。可见，陈氏族人注重身心修养，在乡里享有很高的威望。

陈廷敬的父亲陈昌期认为，读圣贤书，应当以立品为先，次及举业，先道德而后文章。陈廷敬晚年还在思考，父亲所说的"读书以立品为先"，不仅读书、应举、写文章是这样，养身的道理也与此相近，也是当以立品为先。所以他写诗说："立品以读书，吾先子明训。小子益一语，养身理相近。"（陈廷敬：《午亭山人第二集》卷一）陈廷敬为了对子弟进行孝悌思想教育，还专门编写了《孝经刊误述释》一书，作为家塾中的教材，让陈氏子弟学习。由此可见陈氏家族儒学教育情况之一斑。

○
○

耕读并举

陈氏家族是典型的耕读之家。陈廷敬之父陈昌期曾说："明季吾兄宦游于外，余以耕读摄家政，铢积寸累，薄成基业。"（陈昌期：《槐云世荫记》）陈廷敬也说："吾家自上世以来虽业儒，然本农家，衣食仅自给。"（陈廷敬：《百鹤阡表》）陈廷敬在《谱牒后书》诗中有句曰："缅维卜东庄，始自宣德年。耕稼三百载，风义桑梓前。"其中"耕稼三百载，风义桑梓前"两句，明确指出陈氏有三百年的农耕历史。再看当时其他人的记载，清初陈昌言的同僚阳城人白胤谦在《题陈泉山侍御止园》诗中说："此山富泉石，下有幽人宫。耕稼百余年，淳朴多古风。"也是说陈氏是以农耕为业。

据《康熙四十一年陈氏分拨总账》记载，康熙四十一年（1702）陈氏分家，陈廷敬的三个儿子每人所分财产情况如下：陈谦吉分得郭峪并各庄共房四百一十三间，共地六百七十九亩五分，共羊一千一百只。陈豫朋分得郭峪并各庄共房四百三十九间，共地六百三十一亩，共羊一千只。陈壮履分得郭峪并各庄共房四百三十三间，共地六百五十四亩，共羊一千只。以上共计房屋一千二百八十五间，土地一千九百六十四亩五分，羊三千一百只。从这个账单来看，陈廷敬的三个儿子所分得的财产只有房屋、土地和羊群，并没有店铺、钱庄、工场、作坊等。由此可见，陈氏家族在历史上根本不是靠经商来致富的，而是典型的耕读之家。

陈氏在历史上也曾有一位经商的人，那就是陈廷敬曾祖陈三乐的四弟，名叫陈三益。陈三益幼读诗书，长大之后就出外经商，常来往于河南、河北一带。但他并没有因为经商而致富，最后死在卫辉的一家旅店里。身后凄凉，又无子嗣，只留下了一位副室郭氏孤苦无依，死后还是陈廷敬等族人给她料理了丧事。陈三益是一个失败的商人，同时他也不是陈廷敬的本支，在陈氏家族中没有形成主流。因此，没有理由因为有个别陈氏族人从事过商业活动，而把陈氏家族定位在晋商的行列中。

陈氏的始祖陈靠就是以牧羊耕田为生。在陈氏的祖祠中，供奉着陈氏始祖陈靠的画像，是牧羊人的打扮装束，手里拿着放羊的鞭子。这说明陈氏家族在思想上不以农耕牧羊为低贱之事，因此他们始终保持着耕读并举的家风。从始祖陈靠、二世陈林、三世陈秀、四世陈珙、五世陈修、六世陈三乐、七世陈经济，发展到八世陈昌言、陈昌期、陈昌齐弟兄三人，陈氏经过了八代三百年的辛勤耕稼历史，成为方圆百里的富户巨族，到了非常兴旺的阶段，但他们仍然不敢放弃耕读传家的本色。

陈氏先人深知积学储宝，学可医愚，非常重视读书，屡屡勉励后人勤读诗书，书攻万卷未为多。陈氏族人都是先读书，力争考取功名，实在考不上，就从事农耕生产，并且亲自参加生产劳动，半耕半读。陈氏相传，乡人中有富贵败落之家的子弟，愚不可及，甚至拿着金碗讨饭，而不知金碗可换钱，都是因为不读书的缘故。故陈氏族人即使不求取功名，也以读书为乐，诗酒自娱，故而出现了众多的诗人，成为中国清代文化巨族。

陈氏坚持耕读传家，亲自劳作，深知一粥一饭来之不易，养成了勤劳俭朴的优良习惯，特别崇尚节俭。陈氏的六世祖陈三乐，将他的女儿嫁给了明代吏部尚书王国光之孙王于召。王国光是明代著名的政治家，是张居正进行改革的得力助手，是明代阳城县官职最高的人。王氏家族是阳城白巷里的大户，方圆有名的官宦之家。陈三乐能和王国光的儿子攀亲，成为儿女亲家，说明当时陈氏家族的声望已非同一般。但是陈三乐仍然节衣缩食，自奉俭约，不讲究排场体面，家中甚至还没有接见宾客的厅堂，待人接物都在家门前的大槐树下，由此可以想见陈氏一贯朴实无华的生活作风。陈廷敬之父陈昌期说："余以耕读摄家政，铢积寸累，薄成基业。"是说他们的家业是靠勤俭持家、细水长流，一点一滴积累起来的。

陈氏耕读并举的家风，使陈氏族人养成了安贫乐道、不以富贵为中心的高尚品质。陈廷敬弟兄几人都在外做官，只有二弟陈廷继在家中主持家政，过着耕田读书的生活。他平时衣着朴素，绝无纨绔子弟的奢华习惯。出门在路上行走，衣着打扮和平民没有两样，遇到他的人都看不出他是贵家公子。陈廷敬的孙媳妇、翰林陈师俭的妻子陈卫氏，被封为五品诰命宜人，是朝廷命妇，知书达理，被陈氏族人称为"女宗"，她还经常亲自和儿子到田里辛勤劳作，自食其力。

○
○

积德行善

《易经》有言："积善之家，必有余庆；积不善之家，必有余殃。"陈氏有"觅几文本分钱休悭休侈"的祖训，意思是要挣本分干净的钱，不要吝啬，也不奢侈。所以陈氏历代祖先虽然自奉极其节俭，但在周济别人急难之时，却从来没有吝啬之意，广施钱财，乐此不疲。

陈氏的五世祖陈修，字宗慎，号柏山，轻财好施，乡亲有急难来求他，他总要出钱出粮相助，从不推托。乡亲欠了他的债，如果偿还不了，他就焚烧债券了账。

陈氏的六世祖陈三乐，字同伦，号育斋，乐善好施，是一位远近闻名的大善人。每遇到灾荒年，他自己常常节食减用，尽力接济饥民。他经常坐在家门前的大槐树下，备下茶饭招待过路的行人。人们遇到为难的事情，就到这里来找他，他会立即想法帮助解决，一定要让对方满意为止；即使他自己偶然有困难，一时不便，也要想尽办法满足对方所求，不让对方不欢而去。

同治《阳城县志》记载：

岁晚，感寒疾就寝，突有告急者，欲起遗以金。母阻之曰："风厉甚，可诘朝见。"复卧，辗转不寐，婉谓母曰："人遇急来求，度刻如年，儿虑之不寐，是两不安也。"急起，括囊中金与之。笑曰："可以安寝矣！"

意思是说，有一年腊月，陈三乐偶感风寒，卧病在床。夜间，突然有一个人遇到急事，需要用钱，来求陈三乐。陈三乐正要起床拿钱赠给那人，他母亲阻止说："风太大，等到明天早上再给吧。"他只好又睡下了，辗转反侧，不能入眠。他就委婉地对母亲说："人家遇到急事来求我，必然心急如焚，度刻如年；我没有帮他解决问题，也为此事焦心，难以入睡。这样双方都不安宁，是为两不安。"于是他急忙起床，取出钱，赠给那位告急的人，笑着说："这样，我就可以安睡了。"陈三乐像这样救人急难的事情多得举不胜举。陈三乐死后，老百姓都说："天不留公，吾侪如失慈父母！"后来陈廷敬的父亲陈昌期专门写了一篇文章《槐云世荫记》，歌颂了陈三乐乐善好施的美德，并且表示要把这种风尚继承下来，世代相传。

到了陈廷敬的父亲陈昌期的时候，他治家谨严，勤俭节用，和他的先辈一样，常以钱粮周济族人和乡亲。明末兵荒马乱之际，陈昌期尽发家中储存的粮食解救百姓。每逢饥年，必拿出家里的钱粮救灾，只要饥民来借粮借钱，没有不答应的，也不要求偿还。百姓依靠陈昌期的周济生存下来的，不下数百家，皆感其恩德。陈昌期积德行善的名声很大，传得很远。

清康熙二十七年（1688）遭灾荒，陈昌期"倒困（qūn）倾篚以济饥者，焚负券巨万。里人上事请旌，昌期闻而止之曰：'济人岂可近名？'怀德者为立石通衢，接数十里以表之"（同治《阳城县志》卷十一）。意思是说，陈昌期将自己粮仓中储积的粮食全部发放给乡人，又把乡人历年来向他借钱的债券全部当众烧毁，共计金钱巨万。乡里的百姓心怀感激，共同请求官府上奏朝廷，对陈昌期的义行善举进行旌表。陈昌期知道了，赶紧出来制止，说：救人急难岂可图名？乡人为歌颂这件事，在交通大道上立碑纪念，接连数十里，达三十多处。康熙二十八年（1689），大旱，山西灾荒严重，朝廷发国库银救济，而泽州百姓已得到陈昌期的赈济，所以将朝廷的拨款留存下来以备荒年。

大学士王熙在《泽州陈太公捐通惠民记》中说：近来关中因灾荒告饥，朝廷除了拨款赈济之外，又转运襄阳之粮食到关中，需要关中的流民自己运输回去。假使在秦陇之间能有像陈昌期这样的人，出钱粮救济乡里百姓，足以解救百姓的燃眉之急，可惜没有这样的人。所以他称赞陈昌期说："今太公有其德而不居，若唯恐人知者，岂不同于寻常万万哉！"

陈廷敬的侄孙陈汝枢，字环中，"刚方笃实，见义必为"。凡是关于乡党的事，无不任劳任怨。即使是关系疏远的乡民，周济体恤无微不至。乾隆五十七年（1792），"岁大饥，人相食"，陈汝枢就减少自己家中的饮食，用来救济贫苦的人。同治《阳城县志》说："无积而能散人，以为难能云。"意思是说，家里没有储积，而能把自己的口粮分发给众人，是常人难以做到的。

清正廉洁

陈氏自三世祖陈秀进入仕途，就十分注重清廉自守，并且留下家训，传示后人。他教导子弟说："诗书勤讲读，财利少贪求。"要求子弟勤奋读书，不要把心思用在贪求财利上。又说，"清勤爷自守"，"浊富非吾志"，既是自明心志，又是现身说法，教育子弟坚守清操。并且告诫他们"享浊富徇利亡身，怀私心违天害理"，进一步要求他们"修职业要如清献，不贪财欲比元之"。陈氏家族有这样的雅训良规，造就了陈氏一代一代的读书人，为人处事，时时把清正廉洁的品行放在首位。陈廷敬从小受到良好的教育，做官之后，父母经常告诫他不能有贪心，要求他"慎毋爱官家一钱"。陈廷敬把父母的话牢牢记在心中，每想到父母的教诲，往往失声痛哭。到了晚年，他检点自己一生，清廉自守，果然没有辜负父母的期望。

陈廷敬不仅自己洁身自好，而且特别注重教育家人后辈保持清廉之风。他的弟弟陈廷弼出任临湘（今湖南省临湘市）知县，他写诗嘱咐曰："宦途怜小弟，慎莫爱轻肥。"（陈廷敬：《午亭文编》卷十四）意思是说，小弟在宦途中千万要谨慎，切莫羡慕轻裘肥马那样的奢华生活，要其保持俭朴的作风。他还常教导儿子壮履说："更得一言牢记取，养心寡欲是良规。"（陈廷敬：《午亭归去集》卷一）也是要儿子清心寡欲，克己自守。他的次子陈豫朋由翰林院编修改任四川筠连县知县，升陕西耀州（今陕西省铜川市耀州区）知州，又迁甘肃巩昌府的岷洮抚民同知，在川陕关陇间做地方官达十四年之久，颇有政绩，清名远扬。豫朋回京之日，陈廷敬高兴地写诗勉励道："敝裘羸马霜天路，赖汝清名到处传。"他为子孙定了规矩，必须能够忍耐清贫。"清贫耐得始求官"，也成为陈氏后人入仕求官不可逾越的铁律。

　　陈廷敬之孙、陈豫朋之子陈名俭（1714—1771），字以彰，号改庵，一号雅堂，清乾隆甲子（1744）举人，著有《念修堂诗集》。他到四川省筠连县任知县，筠连县曾经是父亲陈豫朋做官的地方。陈豫朋做了七年筠连县知县，博得了很好的官声。筠连县原来的习俗，不懂得种植小麦和栽种桑树，陈豫朋任筠连县知县时，才亲自教百姓学会了这些技术。当时，筠连的百姓仍然传颂着陈豫朋清廉爱民的事迹，陈名俭有感于此，写了《筠连署中即事，寄呈家大人》的诗：

> 夙缘未了又重临，捧檄谁知陟岵心。
> 两世褰帏成故事，七年遗爱入讴吟。
> 亲栽宿麦敷膏壤，劝树柔桑蓄茂林。
> 何必远稽循吏传，家藏治谱是官箴。

　　大意是说，前生的因缘未了，我又来到筠连出仕做官，谁能知我思念父亲之心。我们两世褰起帷幔视察民情成为故事，父亲七年留下遗爱，民间传颂进入歌吟。亲自教百姓栽种小麦广布于肥沃的土地，勉励种植柔桑养育成茂密的树林。何必要去查考古代优秀官吏的传记，家中父祖留下理政的事迹就是官箴。

　　陈名俭又到筠连县附近的珙县任知县，珙县的百姓尚在传颂陈豫朋在筠连县任知县时，珙县遭受水灾，陈豫朋曾捐出俸禄赈济的事迹。陈豫朋和乐平易的风范，珙县的百姓仍然记忆犹新，口碑不绝。陈名俭之弟陈崇俭写诗曰："高堂曾此驻行旌，恺悌如今尚有名。"

清廉，不仅要不贪财，也要不贪位。陈廷敬在居官期间，常有归田思想，晚年多次辞官而不得。他被任命为刑部尚书时，其弟陈廷统任刑部郎中。按规定，有亲缘关系，不能在同一衙门任职，需要回避。陈廷统二话没说，就辞官回了老家。陈廷敬之弟陈廷宸任广东罗定州知州，其弟陈廷弼到广东任参议，辖罗定州。陈廷宸是下级，按规定也要回避，陈廷宸也立刻辞官归乡。陈廷敬之弟陈廷愫任河北武安县知县，任满后他毅然辞官回籍，陈廷敬到第二年春天才得到消息。

陈氏子弟视官位如敝履，视利禄如粪土，所以入仕从政者多，而绝无贪腐之官，正是得益于其清正廉洁的家风。

陈氏家族的优良家风，今天仍然值得人们学习和借鉴，也将为人们的个人修养和文明建设带来有益的启示。

参考文献

[1]［清］缪继让：《樊川先生小传》，清康熙刻本。

[2]［清］郑方坤撰《国朝诗人小传》，清乾隆刻本。

[3]［清］林荔修：《乾隆·凤台县志》，清乾隆刻本。

[4]［清］陈廷敬：《午亭山人第二集》，清乾隆刻本。

[5]［清］陈廷敬：《午亭文编》，文渊阁四库全书本。

[6]［清］汪琬：《尧峰文钞》，文渊阁四库全书本。

[7]［清］王士祯：《精华录》，文渊阁四库全书本。

[8]［清］叶方蔼：《读书斋偶存稿》，文渊阁四库全书本。

[9]［清］朱彝尊：《曝书亭集》，文渊阁四库全书本。

[10]［清］张英：《文端集》，文渊阁四库全书本。

[11]［清］张玉书：《张文贞集》，文渊阁四库全书本。

[12]［清］姜宸英：《湛园集》，文渊阁四库全书本。

[13]［清］李光地：《榕村集》，文渊阁四库全书本。

［14］［清］国史馆辑《汉名臣传》，清嘉庆刻本。

［15］［清］张维屏：《国朝诗人征略》，清道光刻本。

［16］［清］李元度纂《国朝先正事略》，清同治刻本。

［17］［清］赖昌期修《同治·阳城县志》，清同治刻本。

［18］［清］王炳燮编《国朝名臣言行录》，清光绪刻本。

［19］［清］李玉棻编辑《瓯钵罗室书画过目考》，清光绪刻本。

［20］［清］姚永朴辑《旧闻随笔》，铅印本。

［21］［清］吴修编《昭代名人尺牍小传》，述古丛抄本。

［22］［清］梁章钜辑《国朝臣工言行记》，清抄本。

［23］［清］无名氏：《午亭山人年谱》，清抄本。

［24］［清］陈廷敬：《尊闻堂集》，清刻本。

［25］［清］魏象枢：《寒松堂集》，清刻本。

［26］［清］蒋良骐辑《东华录》，清抄本。

［27］［清］陈廷敬：《午亭文编》，中州古籍出版社，1911年。

［28］［清］国史馆：《清史列传》，中华书局，1928年。

［29］［清］李放纂辑《皇清书史》，辽海丛书本，1936年。

［30］［清］朱汝珍辑《词林辑略》，明文书局，1963年。

［31］［清］黄嗣东辑《圣清道学渊源录》，明文书局，1963年。

［32］［清］李桓辑《国朝耆献类征》，明文书局，1963年。

［33］邓之诚：《清诗纪事初编》，上海古籍出版社，1965年。

［34］《康熙起居注》，中华书局，1984年。

［35］《清圣祖实录》，中华书局，1985年。

［36］袁行云：《清人诗集叙录》，文化艺术出版社，1994年。

［37］赵尔巽等撰《清史稿》，中华书局，1997年。

［38］［清］朱方增辑《从政观法录》，北京出版社，2000年。

［39］［清］朱樟纂修《雍正·泽州府志》，山西古籍出版社，2002年。

［40］［清］储大文纂《雍正·山西通志》，中华书局，2006年。

［41］徐世昌纂《清儒学案》，中华书局，2008年。

［42］蔡冠洛编辑《清代七百名人传》，北京图书馆出版社，2008年。

［43］［清］曾国荃修《光绪·山西通志》，三晋出版社，2013年。

陈廷敬年表

明崇祯十一年戊寅（1638），一岁

十一月二十七（12月31日）巳时，生于山西省阳城县郭
峪里中道庄。

崇祯十三年庚辰（1640），三岁

母张氏口授四书、毛诗。

崇祯十六年癸未（1643），六岁

从塾师受句读，从堂兄陈元（伯父昌言子）学古文。

清顺治三年丙戌（1646），九岁

解为诗，赋《咏牡丹》，有"要使物皆春"之句。

顺治八年辛卯（1651），十四岁

三月，赴潞安府（今山西长治）试，以童子第一入州学。十二月，娶明吏部尚书王国光玄孙女王氏为妻。

顺治十四年丁酉（1657），二十岁

乡试中举。

顺治十五年戊戌（1658），二十一岁

四月初五，登孙承恩榜二甲进士，选庶吉士。馆试、御试辄取第一。

顺治十六年己亥（1659），二十二岁

初名"敬"，以是科馆选有同名者，奏请改名，正月十三，奉旨更名廷敬。

顺治十八年辛丑（1661），二十四岁

三月初七，充会试同考官。五月初九，散馆试第一，授内秘书院检讨。

康熙元年壬寅（1662），二十五岁

因病请假回籍。得河津薛文清公之书，专心洛闽之学。

康熙四年乙巳（1665），二十八岁

还京，仍补内秘书院检讨。

康熙六年丁未（1667），三十岁

九月初五，任《世祖章皇帝实录》纂修官，考察一等称职。是年，礼部尚书龚鼎孳举行诗酒之会，与汪琬、程可则、刘体仁、叶方蔼、董文骥、梁熙、李天馥、王士禄、王士禛诸人参加。

康熙八年己酉（1669），三十二岁

迁国子监司业。

康熙九年庚戌（1670），三十三岁

闰二月二十三，迁内弘文院侍读。

康熙十年辛亥（1671），三十四岁

是年复设翰林院，改翰林院侍讲，转侍读，升侍讲学士。

康熙十一年壬子（1672），三十五岁

五月二十，纂修《世祖章皇帝实录》告成，加一级食俸。十月十二，充日讲起居注官。

康熙十二年癸丑（1673），三十六岁

考察一等称职，转翰林院侍读学士。九月十四，为武会试副考官，武殿试读卷官。

康熙十四年乙卯（1675），三十八岁

十二月十三，迁詹事府詹事，兼翰林院侍读学士。

康熙十五年丙辰（1676），三十九岁

二月初七，奉使命祭告北镇，途中所赋诗辑为《北镇集》。九月初五，升内阁学士兼礼部侍郎。九月二十九，充经筵讲官。

康熙十六年丁巳（1677），四十岁

正月十六，改翰林院掌院学士兼礼部侍郎。二十三，充日讲起居注官。二十九，命教习庶吉士。是年，充《太宗文皇帝实录》副总裁官。

康熙十七年戊午（1678），四十一岁

正月，荐户部郎中王士祯博学善诗文，擢为翰林院侍读；诏举博学鸿儒，荐原任主事汪琬召试一等，授编修。七月二十八，命入直南书房。是年，充纂修《皇舆表》总裁官。十月二十九，母张氏卒。十一月，闻讣。

康熙十八年己未（1679），四十二岁

正月，奔丧回籍。六月，奉特旨谕祭。

康熙二十年辛酉（1681），四十四岁

服阕，八月起程，十月二十一还京，补翰林院掌院学士

兼礼部侍郎、日讲起居注官、经筵讲官如故。

康熙二十一年壬戌（1682），四十五岁

二月初六，充会试副考官。五月初八，补纂修《明史》副总裁官。十一月十八，充纂修《三朝圣训》副总裁官。

康熙二十二年癸亥（1683），四十六岁

四月二十三，升礼部右侍郎兼翰林院学士，寻转左。充《太宗世祖圣训》总裁官。

康熙二十三年甲子（1684），四十七岁

正月二十六，迁吏部左侍郎兼管右侍郎事，仍兼翰林院学士，特命管理户部钱法。九月初九，升都察院左都御史，仍管京省钱法。

康熙二十四年乙丑（1685），四十八岁

正月二十四，上《劝廉祛弊请赐详议定制疏》《请严考试亲民之官以收吏治实效疏》。五月十九，充《政治典训》总裁官。九月初六，上《请严督抚之责成疏》《请议水旱疏》《抚臣亏饷负国据实纠参疏》。

康熙二十五年丙寅（1686），四十九岁

三月初五，充纂修《大清一统志》总裁官。闰四月十八，同徐乾学奏进《鉴古辑览》一百卷。九月二十六，迁工部尚

书。

康熙二十六年丁卯（1687），五十岁

二月十一，调任户部尚书。九月十三，调吏部尚书。十二月，湖广巡抚张汧案发。

康熙二十七年戊辰（1688），五十一岁

五月初二，上疏乞准回籍。五月初六得旨：著以原官解任，"修书副总裁等项，著照旧管理"，又命四日一至内直。

康熙二十九年庚午（1690），五十三岁

二月二十六，特旨补都察院左都御史。二十九，充经筵讲官。四月初四，充《三朝国史》副总裁官。五月初一，荐邵嗣尧、陆陇其为御史。七月初十，转工部尚书。

康熙三十年辛未（1691年），五十四岁

二月初六，为会试正考官。六月初九，转刑部尚书。

康熙三十一年壬申（1692），五十五岁

七月二十五，父昌期卒。八月十八，命回籍守制。

康熙三十二年癸酉（1693），五十六岁

二月，康熙帝谕祭至。十二月，合葬父母于樊山百鹤阡。

康熙三十三年甲戌（1694），五十七岁

服阕。十一月十四，授户部尚书。十二月，至京。

康熙三十六年丁丑（1697），六十岁

九月二十一，仍充经筵讲官。是年，《尊闻堂集钞》成书。

康熙三十七年戊寅（1698），六十一岁

正月，充纂修《平定朔漠方略》总裁官。

康熙三十八年己卯（1699），六十二岁

十一月初五，转吏部尚书。

康熙四十一年壬午（1702），六十五岁

三月，命总理南书房。

康熙四十二年癸未（1703），六十六岁

二月初六，充会试正考官。四月二十一，授文渊阁大学士，兼吏部尚书，仍直经筵讲官。

康熙四十三年甲申（1704），六十七岁

六月，充《佩文韵府》总汇阅官。

康熙四十四年乙酉（1705），六十八岁

二月初九至四月二十八，扈从康熙帝南巡。召试举、贡、

生、监于杭州、苏州、江宁，奉命阅卷。

康熙四十五年丙戌（1706），六十九岁
二月初四，充《玉牒》副总裁官。命校理《咏物诗选》。

康熙四十六年丁亥（1707），七十岁
正月二十二至五月二十二，扈从康熙帝南巡。

康熙四十七年戊子（1708），七十一岁
正月十八，上疏请休未允。七月初六，《平定朔漠方略》四十八卷成书。七月十七，《午亭文编》五十卷成书。

康熙四十九年庚寅（1710），七十三岁
三月初十，奉旨编纂《康熙字典》。十一月初十，以老乞休，命以原官致仕。修书未毕，留京办事。

康熙五十年辛卯（1711），七十四岁
五月三十，因大学士张玉书卒于任，李光地疾未愈，命暂入内阁办事，谕以勿辞。

康熙五十一年壬辰（1712），七十五岁
二月二十四，卧病，不能入阁办事。三月，病剧。四月十九卒。御制挽诗，谥文贞，遣官护丧归里，十月至中道庄。康熙五十三年（1714）十二月葬于静坪"紫云阡"。

陈廷敬传

陈廷敬，初名敬，字子端，山西泽州人。顺治十五年进士，选庶吉士。是科馆选，又有顺天通州陈敬，上为加"廷"字以别之。十八年，充会试同考官，寻授秘书院检讨。康熙元年，假归，四年，补原官。累迁翰林院侍讲学士，充日讲起居注官。十四年，擢内阁学士，兼礼部侍郎，充经筵讲官，改翰林院掌院学士，教习庶吉士。与学士张英日直弘德殿，圣祖器之，与英及掌院学士喇沙里同赐貂皮五十、表里缎各二。十七年，命直南书房。丁母忧，遣官慰问，赐茶酒。服除，起故官。二十一年，典会试。滇南平，更定朝会燕飨乐章，命廷敬撰拟，下所司肄习。迁礼部侍郎。

二十三年，调吏部，兼管户部钱法。疏言："自古铸钱时轻时重，未有数十年而不改者。向日银一两易钱千，今仅得九百，其故在毁钱鬻铜。顺治十年因钱贱壅滞，改旧重一钱者为一钱二分五厘，十七年又增为一钱四分，所以杜私铸也。今私铸自如，应改重为轻，则毁钱不禁自绝。产铜之地，宜停收税，听民开采，则铜日多，钱价益平。"疏下部议行。

擢左都御史。疏言："古者衣冠、舆马、服饰、器用，贱不得逾贵，小不得加大。今等威未辨，奢侈未除，机丝所织，花草虫鱼，时新时异，转相慕效。由是富者黩货无已，贫者耻其不如，冒利触禁，其始由于不俭，其继至于不廉。请敕廷臣严申定制，以挽颓风。"又言："方今要务，首在督抚得人。为督抚者，不以利欲动其心，然后能正身以董吏。吏不以曲事上官为心，然后能加意于民；民可徐得其养，养立而后教行。宜饬督抚凡保荐州县吏，必具列无加派火耗、无黩货词讼、无朘削富民。每月吉集众讲解圣谕，使知功令之重在此。而皇上考察督抚，则以洁己教吏，吏得一心养民教民为称职，庶几大法而小廉。"又言："水旱凶荒，尧、汤之世所不能尽无，惟备及于豫而周当其急，故民恃以无恐。山东去年题报水灾，户部初议行令履勘，继又行令分晰地亩高下，今年四月始行复准蠲免。如此其迟回者，所行之例则然耳。臣愚以为被灾分数既有册结可据，即宜具复豁免，上宣圣主勤民之意，下慰小民望泽之心，中不使吏胥缘为弊窦。"疏并议行。

二十五年，迁工部尚书。与学士徐乾学奏进《鉴古辑览》，上嘉其有裨治化，命留览。时修辑《三朝圣训》《政治典训》《方略》《一统志》《明史》，廷敬并充总裁官。累调户、吏二部。二十七年，法司逮问湖广巡抚张汧，汧曾赍银赴京行贿。狱急，语涉廷敬及尚书徐乾学、詹事高士奇，上置勿问。廷敬乃以父老，疏乞归养，诏许解任，仍管修书事。

二十九年，起左都御史，迁工部尚书，调刑部。丁父忧，服阕，授户部尚书，调吏部。四十二年，拜文渊阁大学士，兼吏部，仍直经筵。四十四年，扈从南巡，召试士子，命阅卷。四十九年，以疾乞休，允之。会大学士张玉书卒，李光地病在告，召廷敬仍入阁视事。五十一年，卒，上深惜之，亲制挽诗一章，命皇三子允祉奠茶酒；又命部院大臣会其丧，赐白金千，谥文贞。

廷敬初以赐石榴子诗受知圣祖，后进所著诗集，上称其清雅醇厚，赐诗题卷端。尝召见问朝臣谁能诗者，以王士禛对，又举汪琬应博学鸿儒，并以文学有名于时。上御门召九卿举廉吏，诸臣各有所举，语未竟，上特问廷敬，廷敬奏："知县陆陇其、邵嗣尧皆清官，虽治状不同，其廉则一也。"乃皆擢御史。始廷敬尝亟称两人，或谓曰："两人廉而刚，刚易折，且多怨，恐及公。"廷敬曰："果贤欤，虽折且怨，庸何伤？"

（选自《清史稿》卷二百六十七《列传五十四》）